行動勝於雄辯
成功者的執行力

設定與達成！戒除拖延，果斷行動

ACTION
FORCE

吳載昶，邢春如 主編

強化行動執行力　　　　　具體行動實現目標
提供激發潛能策略，突破限制，提高自我效能感

分析拖延心理，提供克服方法，強調果斷行動重要性
融合實用案例，指引讀者在職業和個人生活中取得成功

目錄

前言

第一章　行動的目標

目錄

第四章　行動的執行

目錄

前言

　　小故事，大智慧，智慧是創造成功的源泉。這是一個人人追求成功的時代，智慧的力量具有創造成功態勢的無窮魔力！即具有成功暗示的隨著靈感牽引的成功力。

　　美國著名成功大師戴爾‧卡內基（Dale Carnegie）說：「只要你想成功，你就一定能夠成功」。

　　美國著名潛能學權威安東尼‧羅賓斯（Anthony Robbins）說：「成功總是伴隨那些有自我成功意識的人！」

　　其實也是這樣，如果一個人連敢想、敢做的心理準備都沒有，那還談何成功呢？

　　成功是一種無限的高度，成功是一種追求的過程。可是很多人不敢去追求成功，不是他們追求不到成功，而是因為他們心理面預設了一個「高度」，這個高度常常暗示自己的潛意識：成功是不可能的，這是沒有辦法做到的。

　　「心理高度」是人無法取得成就的根本原因之一。人生要不要獲得跳躍？能不能跳過人生的高度？人生能有多大的成功？人生能否實現自我超越？這一切問題並不需要等到事實結果的出現，而只要看看一開始每個人對這些問題是如何思考的，就已經知道答案了。

前言

　　在人生追求成功的過程中不可能沒有障礙，但只要有成功的心智，我們就可以從人生的谷地走出，攀援到人生的峰頂。我們等待成功的到來，這種成功是伴隨理想追求的人生紀錄，而每個人的成功故事匯成了成功追求過程中最精彩的篇章和最動人的驛站。

　　在這個追求成功的時代裡，我們需要懂得成功的方法，更需要學習成功的事蹟，用以開啟成功智慧的行為。成功不在我們追求的終點，也不在寒不可及的高處，它就在你追求的過程之中。

第一章　行動的目標

規劃成功的藍圖

拿破崙‧希爾（Napoleon Hill）認為，積極的心態亦即 PMA 只是構築你成功大廈的基石。一旦打下了基礎，你就可以在上面修房蓋屋了，而目標則是修造你成功大廈的磚瓦。

目標不但是你追求的最終結果，並且它在你整個的人生旅途中都發揮著非常重要的作用。

目標不僅是你成功之路的里程碑，並且它所起的作用是十分積極的。

你給自己定下目標之後，目標就在兩個方面發揮作用：

其一，它是奮鬥的依據；其二，它也是你不斷進取的動力。

目標給了你一個看得著的射擊靶。隨著你努力把這些目標變成現實，你就會有成就感。

對多數人來說，制定和實現目標就像一場比賽。隨著時間推移，你實現了一個又一個目標，這時你的思考方式和工作方式就會逐漸進步。

當然，有一點很重要，你的目標必須是具體的、能夠實現的。假若你的目標不具體，你就沒法衡量你的計畫是不是實現了，這樣就會打擊你不斷創造進取的積極性。

那麼，原因何在呢？

由於目標是你動力的源泉，一旦你無法知道自己向目標前進了多少，你就會洩氣，並最終半途而廢了。

為說明這個道理，拿破崙‧希爾講了一個真實的故事。

費羅倫絲‧查德威克（Florence Chadwick），34 歲，她是第一位游過英吉利海峽的婦女。

1952 年 7 月 4 日清晨，加利福尼亞海岸籠罩在濃霧中。在海岸以西 21 英里的卡塔林納島邊，費羅倫絲‧查德威克涉水下到太平洋中，並開始向加州海岸游過去。假如成功了，她就是第一個游過這個海峽的婦女。

海水凍得她身體發麻。霧很大，甚至連護送她的船都看不到。時間一個小時一個小時地過去，數以萬計的人在電視前等待著。有幾次，鯊魚靠近了她，被人開槍嚇跑。她仍然在游。

在以往這類渡海游泳中，她的最大問題不是疲勞，而是刺骨的海水。

15 個小時過去了，她不但累，而且凍得發麻。她知道自己不能再游了，就叫人拉她上船。

她的母親和教練在另一條船上。他們都告訴她海岸很近了，叫她不要放棄。然而她朝加州海岸望去，她發現，除了濃霧外什麼也看不到。

過了一會兒，在她的堅持下，人們把她拉上了船。

到了船上，她漸漸覺得暖和多了。這時，她才發現，人們拉她上船的地點，離加州海岸只有半英里。

瞬間，她感到了失敗的打擊。

後來，她懊悔地對記者說：「說實話，我不是為自己找藉口，假若當時我看見陸地，或許我能堅持下來。」

其實，令她半途而廢的既不是疲勞，也不是寒冷，而是由於她在濃霧中看不到目標。查德威克小姐一生中就只有這一次沒有堅持到底。

兩個月後，她最後成功地游過了同一個海峽。她不僅是第一位游過卡塔林納海峽的女性，而且比男子的紀錄還快了大約兩個小時。

你也許已經發現，查德威克儘管是個游泳好手，但也需要明確目標，才能鼓足勇氣完成她力所能及的任務。

當你制定自己的成功目標時，別低估了制定可測目標的關鍵性。拿破崙·希爾講的故事就是要讓你明白：一個人一旦看不到自己的進步和目標，他會有什麼樣的結果。

正因為這樣，拿破崙·希爾認為，明確的目標會對你成功的取得產生無法估量的價值，主要表現在：

第一，目標能夠使你看清自己的使命

每天，也許你都能遇到對自己的人生和周圍世界不滿的人。

　　但是，或許你還不知道，在這些對自己處境不滿的人中，有98%的人卻對自己心目中的世界沒有一幅清晰的圖畫。

　　他們沒有改進生活的目標，沒有用一個人生目的去鞭策自己。最後，他們就只能繼續生活在一個他們不滿意的世界上。

　　一次，一位醫生曾向拿破崙‧希爾講到了退休問題。

　　這位醫生對百歲以上的老人的共同特點做過大量研究。

　　在一次講演中，這位醫生叫聽眾思考一下長壽者的共同特點。大部分聽眾認為這位醫生會列舉食物、運動、節制菸酒以及其他能影響健康的東西。

　　但是，令聽眾驚訝的是，醫生告訴他們，這些壽星在飲食和運動方面沒有什麼共同特點，他們的共同特點是對待未來的態度 —— 他們都有人生目標。

　　擬定人生目標未必能使你活到100歲，但它卻一定能增加你成功的機會。

　　人生假如沒有目的，他將會事事無成。

　　一位著名的企業總裁比尼曾說：「一個心中有目標的普通職員，會成為創造歷史的人；一個心中沒有目標的人，只能是個平庸的職員。」

　　第二，目標能讓你安排事情的輕重緩急

　　制定目標的一個最大的益處是有助於你安排日常工作的輕

重緩急。

沒有目的，你就很容易陷進跟理想或是目標無關的日常瑣碎事務當中。

一個不記得最關鍵事情的人，會成為瑣事的奴隸。

有人曾經說過：智慧就是懂得該忽略什麼東西的藝術。

相信你能明白這個道理。

第三，目標引導你發揮潛能

一家傳媒曾經報導，有 300 條鯨魚在追捕沙丁魚時，不知不覺被困在了一個海灣裡。

是這些小魚把海上巨人帶向了死亡。鯨魚由於追逐小利而暴死，為了微不足道的目標而空耗了自己的巨大能量。

沒有目的的人，正如上面報導的那些鯨魚，他們有巨大的力量與潛能，然而他們把精力放在小事情上，而小事情讓他們忘記了自己本應做什麼。

當然，要發揮潛力，你必須全神貫注於自己的優勢並且會有高回報的方面。

目的能助你集中精力。

不但這樣，當你不斷地在自己有優勢的方面努力時，這些優勢就會進一步得到發展。

拿破崙‧希爾讓我們明白,在達到目標時,你自己已成為什麼樣的人比你得到什麼東西重要得多。

第四,目標使你有能力把握現在,只有成功人士才能把握現在。

人是在現實中透過努力來實現自己的目標的。希萊爾‧貝洛克(Hilaire Belloc)曾說:「當你做著將來的夢或者為過去而懊悔時,你僅僅擁有的現在卻從你手中一溜而過了。」

儘管目標是朝著將來的,是有待將來實現的,但目標卻讓你能把握住現在。

實際上,大的任務是由一連串小任務和小的步驟組成的,實現任何理想,都要制定並且達到一連串的目標。每個重大目標的實現都是一連串小目標小步驟實現的結果。

因此,假如你集中精力於此時此刻手邊的工作上,心中明白你現在的種種努力都是為實現將來的目標鋪路,那麼你就能走向成功。

第五,目標有助於你評估事業的進展情況

如果你仔細觀察,你會發現,那些不成功的人往往都有個共同的毛病,他們很少評估自己在事業方面取得的進展。他們大部分人要麼就是根本不明白自我評估的關鍵性,要麼就是根本無法評估在事業方面取得的進步。

第六，目標為你提供了一種自我評估的重要手段

假若你的目標是具體的、清晰的，你就能根據自己與最終目標的距離來評估目前取得的進步。

有位自認為是發明家的人為他的最新發明製做了漂亮的模型，這個模型有無數的飛輪、齒輪、滑輪和電燈，一按電鈕就動起來，而且燈會亮。

有人問：「這個機器是幹什麼的？」

發明家回答說：「它不幹什麼，但是，這機器的運轉不是挺優美的嗎？」

這聽起來難道不滑稽可笑嗎？

有了目的，我們就不會像那個發明家一樣了。

第七，目標使你未雨綢繆

對於那些成功的人士來說，他們往往是提前決斷，而不是事後補救。

他們提前計劃，而不是等待別人的指示。

他們不容許別人操縱他們的工作程序。

不事前謀劃的人是不會有進展的。

或許你早就聽說過諾亞方舟的故事，諾亞並沒有等到下雨了才開始造他的方舟吧。

　　目標有助於你事前謀劃，目標迫使你把要完成的任務分解成有限的可行的步驟。

　　要想製做一幅通向成功的交通圖，你就必須先有目標才行。

　　著名政治家富蘭克林（Benjamin Franklin）曾說過：「我總認為，即便一個能力很一般的人，如果有個好計畫，他是會有大作為的。」

　　第八，目標使你把工作重點從工作本身轉到工作成果上

　　那些失敗的人總是混淆了工作本身與工作成就。他們以為大量的工作，尤其是艱辛的工作，就一定會帶來成功。

　　然而任何活動本身並不能保證成功，且不一定是有用的。要一項活動有意義，就一定要使它朝向一個明確的目標。

　　也就是說，成功的尺度不是你做了多少工作，而是你獲得了多少成果。

　　法國博物學家尚・亨利・法布爾（Jean-Henri Fabre）所做的一項研究結果最能說明這一問題了。

　　法布爾研究的是巡遊毛蟲。

　　巡遊毛蟲在樹上排成長長的隊伍前進，由一條蟲帶頭，其餘跟著。

　　法布爾把一組毛蟲放在一個大花盆的邊上，讓它們首尾相接，排成一個圓形。這些毛蟲開始前進了，正如一個長長的遊

行隊伍，沒有頭，也沒有尾。法布爾在毛蟲隊伍旁邊擺了一些食物，然而這些毛蟲要想吃到食物就必須解散隊伍，不再一條接一條前進。法布爾預測，毛蟲很快會厭倦這種毫無用處的爬行，而轉向食物。

但是毛蟲沒有這樣做。由於純粹的本能，毛蟲沿著花盆邊一直以同樣的速度走了 7 天 7 夜。

顯而易見，它們一直會走到餓死為止的。

毛蟲遵守著它們的本能、習慣、傳統、先例、過去的經驗、慣例，或者隨便你叫它什麼好了。

它們幹活很賣力，但沒取得任何成果。

許多失敗的人就跟這些巡遊毛蟲一樣，他們自認為忙碌就是成就，幹活本身就是成功。可實際上，他們卻毫無成果。

目標恰好能幫你避免這種情況的發生。

一旦你制定了目標，又定期檢查工作進展，你自然就把重點從工作本身轉移到工作成果上了。僅僅用工作來填滿每一天，這對你來說根本不意味著成功。

取得足夠的成果來實現你的目的，這才是評估你的成績大小的正確方法。

隨著一個又一個目標的實現，你就會漸漸明白實現目標需要花多大的力氣。不但這樣，你常常還能悟出怎樣用較少時間

來獲得較多的價值，這會反過來引導你制定更宏偉的目標，實現更偉大的理想。隨著你工作效率的不斷提高，你對自己。對別人也就會有更加準確的看法了。

你說不是嗎？

專注於自己的目標

在你的日常生活和工作中，你會看見，許多人好像是不分晝夜地埋頭苦幹。然而，當你問他們這樣是為了什麼的時候，他們大多會搖頭作答，甚至無言以對。所以，實際上，他們儘管在做，卻對自己的明天與未來一無所知。

他們沒有目的與目標。

也許，即使他們能突然醒悟，可是這時似乎已經和他們當初確定的目標失之交臂了。

你是不是有一個目標或目的呢？

你一定要有一個目標，不然你就會難以達到你的理想，正如要你從一個從未到過的地方回來一樣。

只有你制定了準確、固定、清晰的目標，不然你就不會察覺到自己的最大的潛能。

你永遠只會是「徘徊的普通人」中的一個，哪怕你可能成為

「有意義的特殊人物」。

一個沒有目標的人正如一艘沒有舵的船永遠漂泊不定，只會到達失望、灰心和喪氣的海灘。

美國財務顧問協會的前任總裁路易斯‧沃克（Lewis Walker）曾經接受過有關穩健投資計畫的採訪。

其間，記者問道：「到底是什麼原因使人走向失敗呢？」

沃克不假思索地回答：「模糊不清的目標。」記者請沃克進一步解釋什麼是「模糊不清」。

沃克說：「我在幾分鐘前就問你，你的目的是什麼？你說希望有一天能擁有一棟山上的小屋，這就是一個模糊不清的目標。問題就在『有一天』不夠具體，因為不夠明確，成功的機率也就不大。」

沃克緊接著又說：「假若你真的希望在山上買一間小屋，你就一定要先找出那座山，計算你想要的小屋的現值，然後思考通貨膨脹，算出 5 年後這棟房子值多少錢。接著你應該確定，為了達到這個目標每個月要攢多少錢。如果你真的這麼做了，你也許在不久的將來就會實現你的目標。但如果你只是說說，夢想就永遠不會實現。」

在這裡，沃克讓你明白，夢想是愉快的，但沒有配合以實際行動，則只是妄想而已。

為強調這一點，我們再為你講一個有趣的故事，相信你能從這個故事中悟到什麼。

有一位妻子叫他的丈夫到商店買火腿。丈夫買完後，妻子就問他為什麼不叫肉販把火腿末端切下來。

聽了妻子的話，丈夫不解地問為什麼要把末端切下來。

妻子則回答說她母親就是這麼做的。

這時妻子的母親正好來訪，他們就問她為什麼總是切下火腿的末端。

沒想到妻子的母親回答說是由於她母親也是這樣做的。

因此，為得到最終的答案，他們便決定去問妻子的外祖母，以解決這個困擾三代的「火腿末端之謎」。

最後，外祖母的答案竟是：她切下末端的原因是由於當時的燒烤爐太小，無法烤出整隻火腿罷了。

現在你能夠明白，即使是為了一個火腿的末端，這位外祖母也是有她的行動的理由的。

那麼，你做事都有你行動的理由嗎？在你的一生中，你有過具體的目標嗎？

你的目標是什麼樣的，是具體的還是空泛的，是長期的還是短期的？拿破崙・希爾是這樣告訴你的：

◆ 你的目標必須是長期的

沒有長期的目標，你也許就會被短期的種種挫折所擊倒。

理由非常簡單，沒人能比你自己更關心你的成功。

或許你會發現，在你的日常生活和工作中，有人在試圖為你的進步與成功設定各種障礙。

但事實上，阻礙你進步與成功的最大敵人不是別人，正是自己。

別的人也許可以讓你暫時停止你事業上的進步，而你自己卻是唯一能使你永遠堅持下去的人。

假若你沒有長期的目標，暫時的阻礙就會成為你永遠的挫折。家庭問題、疾病、車禍及其他你無法控制的各種情況，都可能是你成功與事業的重大障礙。然而，只要你有長期的目標，它們都只可能是暫時的。

當然，在有關拿破崙·希爾成功學隨後的講解中，你逐漸就會知道該如何去面對消極與積極的因素，並對這種消極與積極的因素作出正確的反應。

你會明白：一次挫折，不管它是否嚴重，它既可以是你進步的起點，也可以是你成功的絆腳石。

你設定了長期的目標後，起初不要試圖去克服所有的阻礙。一旦所有困難一開始就被除得一乾二淨，便沒有人願意嘗

試有意義的事情了。

例如，你早上離家之前，打電話到交通大隊詢問所有的路口交通燈是不是都變綠了，交通警察也許會認為你不通人性。你應該知道，你是一個一個地通過紅綠燈，你不但能走到你目力所及的地方，而且當你到達那裡時，你還能通向更遠的地方。

查理·庫冷（Charlie Kuhn）曾說：「成為偉大的機會並不像急流般的尼加拉瀑布那樣傾瀉而下，而是緩緩的一點一滴。」

偉大與接近偉大的差別就是是不是領悟到一旦你期望偉大，你就必須每天朝著你的長期目標踏踏實實地工作。

舉重選手都知道，一旦他想實現偉大的目標，他就必須每天去鍛鍊肌肉。

每一對想培育出有教養的可愛孩子的父母，他們都明白孩子的人格與信仰的形成是每天不斷培養的結果。

每天的目標是人格最好的顯示器，它包括奉獻、鍛鍊與決心。

◆ 你的目標必須是特定的

目標很關鍵，幾乎每一個人都知道，但是，一般人在人生的道路上，卻只是朝著阻力最小的方向前進，這便是「徘徊的大部分普通人」和「有意義的特殊人」之間的天壤之別。

你必須要成為一位「有意義的特殊人物」，而不是一位「徘徊的大多數普通人」。

你可以做一個試驗，在夏天最炎熱的某一天，從商店裡買一個最大的放大鏡和一些報紙，把放大鏡拿出放在報紙上，中間隔一小段距離。很快你就會發現，假若放大鏡是移動的話，你永遠也無法點燃報紙。然而，放大鏡不動，你把焦點對準報紙，很快你就能利用太陽的威力，把報紙點燃。

不管你具備多大能力、才華或本事，一旦你無法支配它，並將它聚集在特定的目標上，並且一直保持在那裡，那麼你是永遠沒法取得成功的。

你或許知道，一個獵人，當他面對樹上的一群鳥時如果說他能打下幾隻鳥的話，那麼他肯定不是向這群鳥射擊，幾隻鳥的收穫一定是獵人瞄準特定目標的結果。

從這位獵人的身上，你一定能看出特定具體目標的意義。

◆ 你的目標一定要遠大

目標遠大能帶來創造性的火花，使人有可能取得成就。

就像約翰‧賈伊‧查普曼（John Jay Chapman）所說：「世人向來最敬仰的是目標遠大的人，其他人無法與他們相比……貝多芬（Beethoven）的交響樂、亞當‧斯密（Adam Smith）的《國富論》，以及人們贊同的所有人類精神產品……你熱愛他們，因

為你說，這些東西不是作出來的，而是被他們的真知灼見發現的。」

那些成功的人士都是這樣取得成功的。

對於那些奧運金牌的得主來說，他們的成功並不光依賴他們的運動技術，而且還依靠其遠大目標的推動力。

商界領袖也一樣。

政界菁英亦然。

遠大的目標就是推動人們不斷前進的夢想。隨著夢想成為現實，你會領悟成功的要義是什麼。

沒有遠大的目標，人生就沒有瞄準和射擊的對象，就沒有在加崇高的使命能給你帶來希望。

還是道格拉斯·勒頓（Douglas Lurton）說得好：「你決定人生追求目標之後，你就作出了人生最關鍵的選擇。要能如願，首先要明確你的願望。」

有了理想，你就弄清了自己最想取得的成就是什麼。

有了目標，你就會有一股無論順境還是逆境都勇往直前的衝勁，你的目標使你能獲得超越你自己能力的東西。

你必須要有遠大的目標。當你有了遠大的目標時，你才會有偉大的成就。

◆ 你必須實踐自己的目標

那麼，有了長期、特定而又遠大的目標，你又該怎樣來實踐你的目標呢？

耐心地讀下去，因為拿破崙・希爾是這樣告訴你的：

首先留出一天的時間，用於思考、構築和祈求你的理想。

要避開一切干擾，不要讓人打斷你的思路。

你也可以考慮到鄉下去，或到旅館開一個房間，或到其他你可以愉快獨處的地方。

當你要這樣安排的時候，最好隨身帶上紙、筆、日曆及對你有幫助的書籍。假若你是基督徒，你還要記得帶上一本《聖經》假若你信奉其他別的什麼宗教，你就帶上相應的經典。

當你一個人最終坐下來後，你就可以向自己提以下的問題，並把答案寫下來：

1. 我擁有怎樣的才幹和天賦？

  （1）什麼工作我能做得最好？

  （2）我能比我認識的人都做得好嗎？

2. 我的熱情是什麼？

  （1）有什麼東西特別使我內心激動，使我分外有衝勁去
     完成？

（2）假若有，這種衝動的熱情是什麼？

3. 我的經歷有什麼與眾不同的地方？

　　（1）我都做過哪些和別人不一樣的事？

　　（2）我的與眾不同能賦予我特別的洞察力、經驗和能力嗎？

　　（3）我能作出什麼不尋常的事情？

4. 我所處的時代和環境有什麼特點？

　　理想往往來自人生的獨特環境、地理與政治氣候，歷史、經濟、文化背景以及許多其他因素都可能發揮作用。記下所有可能對你的機遇產生影響的東西。

5. 我與什麼卓越人物有來往？

　　你可以與之合作的那些人的才幹、天賦與熱情一定會帶給你靠單獨工作找不到的機遇。

6. 我期望何種需要得到滿足？

　　要知道，滿足某種需要的欲望往往能激發人的理想。

7. 在我的一生中，我可以想像的並且自己能作出的最偉大的事情是什麼？

　　……

　　上面的過程一旦可能，你最好每年都做一次。如果有必要，做完了後你也可以重做一次。

　　隔了幾年後，你可能發現自己的理想已經改變了。如果幾年來你抱著同一個理想，而且你覺得這個理想遠超過自己的能力，那麼你很可能已確定了人生的一個很好的理想了。在未來的歲月中，你也許發現，這個理想會有小小的修正或補充，但不會完全改變。

　　其次留出幾個小時的時間，用來回顧你最近所幹過的事（比如生意上的）。

　　你這樣做的目的是發現你以前從未思考過的新打算。

　　這樣做的時候，其指導原則與上面第一項活動相同：

　　找個安靜的地方，帶上所需的用品。然後，向自己提出下面這些問題，並盡可能寫出答案：

1. 我有什麼才幹、天賦或財力目前為止還未派上用場？

2. 我所處的特殊環境和時代對我的工作或事業可能產生什麼影響？

3. 對上一個問題，我的答案能帶來什麼機遇？

4. 假若我有無限的財力，而且我確信我的努力都能成功，那麼我的生意上的目標是什麼？（記住，一定要有遠大的目標！）

5. 我的熟人中有誰的目標和我的目標近似？我和他們是否可以互相提攜？

明確自己的人生目標

據統計，每 100 個美國人當中，只有 3 個人能在 65 歲時在經濟上獲得一定程度的無憂無慮。每 100 個 65 歲（或以上）的美國人當中，97 個人只有依靠他們每個月的社會保險支票才能生存。

這聽起來似乎有些駭人聽聞，你也許要問，堂堂的美國怎麼會是這樣的呢？

這是否就意味著美國夢的破滅呢？是否表示通貨膨脹已失去了控制？是否表示石油輸出國組織全面控制了美國的能源供應，因而引起世界性的經濟不景氣？

世界發展狀況對美國的社會生活確實有影響。當世界經濟不景氣的時候，或者是當人工刺激經濟還處在復甦階段的時候，美國人的生活是有些不盡如人意。

然而，拿破崙・希爾則認為，還有一些非客觀因素，它們和世界經濟等大的環境因素同等重要。

美國勞工部數據也同樣顯示，每 11 個從事高薪事業 —— 例如律師、醫生 —— 的美國人當中，只有 5 個人活到 65 歲時不需要依賴社會保險金。

你聽到這個統計數字後，是否會大吃一驚呢？

無論人們在自己最具生命力的年齡中獲得多少收入，也只有如此少數幾個人能獲得可觀的經濟成就。

一大部分人都幻想他們的生命是永恆不朽的。他們浪費金錢、時間以及精力，從事所謂的「消除緊張情緒」的活動，而不是去從事「實現目標」的活動。

一大部分人每週辛勤工作，賺夠了錢，在週末把它們全部花掉。

一大部分人希望命運之風把他們吹進某個富裕而又神祕的港口。

他們希望在未來的「某一天」退休，在「某地」……一個美麗的小島上過著無憂無慮的生活。

假若你問他們將怎樣達到這個目標，他們肯定會回答說，一定會有「某種」方法的吧。

然而，上面的數字卻告訴我們，竟然存在如此多的人無法實現他們的理想，那麼他們失敗的原因又在哪裡呢？

拿破崙‧希爾告訴我們，他們失敗的根本原因就在於：他們沒有真正定下生活的目標。

有了目標才會成功。

目標是你所期望的成就與事業的真正動力。

目標比幻想好得多，因為它是可以成為現實的。

你假若沒有目標，對於你來說也就不可能發生任何事情，當然你也就不可能採取任何有步驟的行動。

假如你沒有生活與事業的目標，你就只能在人生的旅途上徘徊，永遠到不了理想的彼岸。

就像空氣對於生命的存在必不可少一樣，目標對於成功的實現也是必不可少的。

沒有空氣，誰也不能夠存活；沒有目標，誰也不可能成功。

因此，對於你想去的地方，你必須首先要有個清楚的範圍或者目標才行。

假如說某位先生能從週薪 25 美元的工作職位上，迅速升至某個部門經理，不久後又升任公司的董事長，那一定是因為他有目標隨時鞭策自己的緣故。

修正迷失的人生航向

現在仍然是現在，過去則早已成為歷史，你的將來會是什麼樣的呢？有什麼能比將來更重要的呢？

人們一般都明白，優秀的企業或組織都有 10 年至 15 年的長期目標。在這樣的企業或組織中，其決策或管理層總是在反省自己：「我們盼望公司在 10 年後是什麼樣的呢？」他們總是按照這樣的想法來進行各種努力。對於他們來說，新的工廠並不

是為了適應今天的需要，而是要滿足 5 年、10 年以後的需要。各研究部門也是在針對 10 年或 10 年以後的產品進行研究和設計。

無可否認，你會從這樣的企業規劃與發展策略中得到一些成功的啟示：你也應該計劃 10 年以後的事情。

如果你期望 10 年以後變成怎樣，那麼現在你就應該變成怎樣。

（當然，對於你來說，這是一個很嚴肅的問題。）

正如沒有計畫的生意做著做著就會走了樣，沒有了生活目標的人慢慢也會變成另一個人。由於沒有了目標，我們根本無法成長。

但是，這一切都是怎樣發生的呢？我們不妨還是用拿破崙・希爾的故事來解釋。

有一位年輕人因為工作問題跑來找拿破崙・希爾，他舉止大方，聰明，未婚，大學畢業已經 4 年。

他們先談年輕人目前的工作、受過的教育、背景和對工作的態度，接著拿破崙・希爾對年輕人說：「你找我幫你換工作，你喜歡哪一種工作呢？」

年輕人說：「那正是我找你的目的，我真的不知道想要幹什麼？」

這個問題牽涉的面似乎是非常廣泛。表面看來，不知道想要做什麼，也就等於什麼都可以做了，但事實卻並非這樣。

實際上，誤打誤撞的求職辦法是很不明智的。由於他似乎什麼都可以做，那他至少就有幾十種職業可選擇，眼花撩亂、無所適從也就是很自然的事情了。

切記，什麼都行也就是什麼都不行；什麼都能幹也就是什麼都不能幹。

拿破崙‧希爾要使年輕人明白，找一種職業以前，首先一定深入了解那一行。他是這樣啟發年輕人的：

他說：「讓我們從這個角度來看看你的計畫，10 年以後你希望怎樣呢？」

年輕人想了一下，最後說：「我期望我的工作和別人一樣，待遇很優厚，並且買一棟好房子。當然，我還沒深入思考過這個問題呢。」「那是很自然的，」拿破崙‧希爾繼續解釋，「你現在的情形就像是跑到航空公司裡說『給我一張機票』一樣。」

除非你說出你的目的地，否則人家沒辦法賣給你機票。

因此拿破崙‧希爾又對他說：「只有我知道你的目標，才能幫你找工作。換言之，只有你自己才知道你的目的地。」

年輕人陷入了沉思之中。

最後，拿破崙‧希爾相信，年輕人已經學到了人生最關鍵

的一課了，那就是：

你出發之前，一定要有明確的目標。

就像那些發展勢頭良好的公司一樣，我們每個人的生活與工作也都要有明確的計畫與目標。

從某個方面來看，人也是一種商業單位。你的才幹就是你的產品，你只有發展自己的特殊產品，才能換取最高的價值。下面有兩種很有效的步驟可以讓你做到這一點。

第一，把你的理想抽成工作、家庭與社交三類。這樣可以避免衝突，讓你正視生活與工作的全貌。

第二，針對下面的問題找到自己的答案。你想完成哪些事？想要成為什麼樣的人？哪些東西才能讓你滿足？

你完全可以用下面的這些問題來回答上面的問題：

1. 10 年以後的工作：

　　（1）你希望達到哪一種收入水準？

　　（2）你希望尋求哪一種程度的責任？

　　（3）你希望擁有多大的權力？

　　（4）你希望從工作中獲得多大的威望？

2. 10 年以後的家庭：

　　（1）你希望你的家庭達到哪一種生活水準？

　　（2）你希望住上哪一類房子？

（3）你喜愛哪一種旅遊活動？

（4）你喜歡如何撫養你的小孩？

3. 10 年以後的社交：

（1）你希望擁有哪種朋友？

（2）你希望參加哪種社團？

（3）你希望獲得哪些社群的領導職位？

（4）你希望參加哪些社會活動？

拿破崙・希爾有一隻名叫「花生」的混血小狗，牠活潑、聰明、可愛，也是他兒子的開心果。一次，拿破崙・希爾的兒子提議和他一起為「花生」蓋一間狗屋，拿破崙・希爾同意了。於是，他們馬上動手，很快就把狗屋蓋好了。然而，由於他們的手藝太差，狗屋蓋得很糟糕。

狗屋蓋好後，有一位朋友來訪，朋友禁不住問拿破崙・希爾：「樹林裡那個怪物是什麼？難道是狗屋嗎？」

拿破崙・希爾說：「那正是一間狗屋。」

朋友隨即提出了狗屋的一些毛病，又說：「你怎麼不首先計劃一下呢？現在蓋狗屋都要照著藍圖來做的。」

不知你能從這個狗屋的故事中學到什麼。實際上，在設想你的未來時，不妨也為自己的未來畫個藍圖，千萬不要忽略這一步。

應該知道，現代人是用幻想的大小為標準來衡量一個人的。

一般來說，一個人取得的成就要比他本來的理想小一點。因此你在計劃你的未來時，眼光要遠大才好。

拿破崙‧希爾曾教過一位學生，他為自己擬定了一個未來 10 年的工作與生活計畫。

在這份計畫中，你能夠看出，當學生在如何計劃他住宅的時候，他就好像已經看到住宅將來的模樣了。

在計畫中，學生是這樣幻想的 —— 也許你能從中受到某些啟示：

「我盼望有一棟鄉下別墅，房屋是白色圓柱構成的兩層樓建築。四周的土地用籬笆圍起來，也許還有一、兩個魚池，由於我們夫婦倆都愛好釣魚。房子後面還要蓋個都貝爾曼式的狗屋。我還要有一條長長的、彎曲的車道，兩邊樹木林立。」

「然而一間房屋不見得是一個可愛的家。為了使我們的房子不但是個可以吃住的地方，而且我還要盡量做些有價值的事，當然絕對不會背棄我們的信仰，盡量參加教會活動。」

「10 年以後，我會有足夠的金錢和能力讓全家坐船環遊世界，這一定要在孩子結婚獨立以前早日實現。假若沒有足夠時間的話，我就抽成四五次，作短期旅行，每年到不同的地方去旅遊。」

「當然，這些要看我的工作是否很成功才能決定，因此要實現這些計畫，一定要加倍努力才行。」

這份計畫是 5 年以前制定的。他當時有兩家小型的「一角專賣店」，現在已經有了 5 家，而且已經買下 17 英畝的土地準備蓋別墅。他確實是在逐步實現他的目標。」

你的工作、家庭與社交是緊密相連的，每一方面都跟其他方面有關。

然而影響最大的卻是你的工作。應該明白，你家庭的生活水準，你在社交中的名望，大多數是由你的工作成就來決定的。

美國一個管理研究基金會曾經做過一次大規模的研究，期望、找出擔任傑出主管所必備的條件。他們對全美的工商企業、政府機關、科學工程以及宗教藝術的一些領導者進行了問卷式的調查，他們獲得一個令人信服的結論：主管最關鍵的條件就是不斷希望進步。

實際上，社會學家瓦那梅克（Wanamaker）先生早就忠告過我們。他認為一個人只有對他的工作、他的未來懷有積極進取的願望，並樂意去做，否則他肯定是做不出什麼成就的。

實際上，你一旦妥善地運用你的進取心，你的身上就會產生十分驚人的力量。

拿破崙‧希爾曾和一位學生有過一次非常有意義的談話。

這位學生常常在報紙上發表作品，他的天分很高，有從事新聞事業的潛力。

這位學生畢業前，拿破崙・希爾問他：「畢業以後準備做什麼？準備搞新聞工作嗎？」

這位學生想了想說：「儘管我非常喜歡寫作和報導新聞，而且也發表過一些作品，但是新聞工作盡報導些零碎的資訊，我不想去做。」

拿破崙・希爾大概有 5 年沒有這位學生的消息。

有一天晚上，拿破崙・希爾忽然在新奧爾良遇見了他。當時這位學生已經是一家電子公司的助理人事主任，他向拿破崙・希爾表明了對這份工作的極度不滿。

他懊悔地說：「老實說，我的薪資很高，公司也有發展前途，工作又有保障，但是我根本心不在焉，我很懊悔沒有一畢業就參加新聞工作。」

從這位學生的身上，你可以看出，他對於許多事情都心存不滿，幾天就對自己的工作產生了不滿情緒。他將來不會有什麼前途，除非他立刻辭職，參加新聞工作。

應當知道，成功是需要完全投入的，只有完全投入你真正喜歡的行業，才能迎來成功的一天。

實際上，假如這位學生起初依照他的喜好去做的話，也許

他早就在新聞媒體事業方面小有成就了。而且從長遠來看，他的待遇也會比目前高得多，並且有更大的成就感。

死亡因拖延而來

有這樣一句格言被許多成功人士推崇：「拖延遲緩意味著死亡。」

阿莫斯‧勞倫斯（Amos Lawrence）說：「我們之所以成功、他們之所以失敗，就在於我們形成了立即行動的好習慣，而他們辦事拖沓，總把事情往後推，這樣我們站在了時代前列，而他們則被時代甩在了後面。」

懦弱固然不好，但凡事都求別人幫助作決定則更為糟糕。我們一定要訓練自己在緊急關頭求助於自己的良好習慣。

「我能夠征服世界只因為我把我的想法立即付於實施。」亞歷山大（Alexander）說道。

在危急情況下，拿破崙從不猶豫不決，總是快速作出決斷，把自己認為最明智的做法付諸實施，而犧牲其他可行的或不可行的辦法。他絕不允許他不認同的建議或想法來干擾他的思維和行動。雖然所選擇的做法有可能是錯誤的，但也要比猶豫不定、瞻前顧後喪失良機好得多。

據說，拿破崙在滑鐵盧遭到慘敗的最大原因就是由於他沒

有及時快速作出決定，而在此之前征戰歐洲的各個戰役中，無論是重大戰役，還是在命令的最微細節上，他總是快速作出決定並馬上付於實施。快速決定就像凸透鏡能夠聚集太陽光線一樣，聚一點可以把最堅硬的鑽石熔化掉。

一個人欲要成就一番事業，首先就要學會依賴自己、引導自己、完全控制自己。

一個受過良好教育的人在面臨需要迅速作出決定的緊急時刻，會集中全部精神，積極調動思維迅速作出決斷，儘管這個決斷也許不很成熟，但他要使他本人堅信這個決斷是當時情況下最明智的決定，然後馬上付諸實施。實際上，在人的一生中有很多重大決斷都屬此類 —— 事後看不很成熟但當時認為是最明智的。

范妮‧馮（Fanny Von）談起巴特勒（Butler）將軍時說：「他真是個能夠快速做出決斷的將軍。不管多麼重大的軍務被請他決斷，他會馬上聚結起全部精力，謀斷此事，就如凸透鏡聚光線於一點，而一旦作出決斷，他好像就把這件事完全忘記，似不曾發生過一樣。」

在一次戰爭中，一個老父親的兩個兒子都被敵人俘虜去了。老父親希望用自己和一筆金錢換回兒子。敵人同意了這個請求，但條件之一是只能換回一個兒子。老父親為難了，同樣

是兒子，他救哪一個？又不救哪一個？老父親左思右想十分為難，無法做出決斷。敵人久久不見他回信，失去了耐心，就把他的兩個兒子全部殺害了。老父親的優柔寡斷使他失去了救回兒子的機會。

世界上沒有什麼人或什麼東西能夠幫助那些做事猶猶豫豫、瞻前顧後的人形成一種遇事果斷決斷、行事乾脆的習慣，所以在考慮處理一個問題時，要盡量避免一會兒提出這個問題，一會兒又提出那個問題。做事試圖把所有問題都解決的人，是不容易抓住事物本質的，而最明智的決策就應該是解決事物本質的決斷。做出決斷後，要盡力盡快去付諸實施，雖然說決策不一定正確，結局也不一定良好，但從長遠看，它會培養我們形成遇事果斷決定的好習慣，加強我們獨立自主精神的建立。

「如果一個人總在考慮是先做這件事好，還是先做那件事好，那他最後極有可能哪件事都做不好，」威廉‧沃特（William Wirt）說，「再假如他已先做那件事，正當他要行動時，又聽到別人的反對意見，他會停下來舉棋不定，一會考慮這方意見，一會又考慮那方意見。既覺得這方意見正確，又覺得那方意見也有可取之處。這樣的人就屬沒有主見的人，缺乏決斷力，不管是大事，還是小事，皆是如此。這樣的人很難有所成就。他做事不是採取積極進取的態度，而是在原地打轉轉，甚至不

進則退。在盧坎（Lucan，古羅馬詩人）筆下有一種人很值得學習。這種人具有一種堅忍不拔的精神，他們在行事之前，先恭敬地聽取那些聰明人的意見，博採眾長，然後綜合考慮做出自己的決斷，決斷做出後，就絕不再更改，最後再以最大的精力付諸實施。歷史證明，這種人成功的例子最多。」

　　哈姆雷特（Hamlet，莎士比亞 Shakespeare 筆下的人物）就是個做事優柔寡斷、行事拖泥帶水的典型人物，他的理想追求與他的精神能力所能達到的水準相去甚遠。絕大多數人都能抓住事物的一方面解決處理問題，而哈姆雷特卻抓住事物的各個方面不放，既考慮這方面，又擔心那一方面，由此，他變得瞻前顧後、優柔寡斷。他感覺自己看到的鬼魂既像父親的冤魂，又覺得不像。優柔寡斷有時是精神與智力畸形發展的結果，智力得到了高度開發，而精神卻已萎縮。

　　做事猶豫不決、容易被別人意見左右的人，無論他有多麼好的天賦、多麼高的水準，都無法與那些意志堅定、行事果斷乾脆的人相比，完全可以這麼說，果斷的判斷力要強於最睿智的頭腦。

　　在生命競技場上，許多人之所以沒能取得成功，只因於他們延誤了時間，錯過了良機。而那些滿載而歸的人，也只因為在該決斷的時候他們能夠迅速作出決定，僅此而已。

　　訓練行事果斷決策的習慣，是最最重要的道德和意志訓練工作，因為如能成功做到這點，人就可以實現由人到「完人」的登堂入室的轉變。

　　雖說果斷決策有可能使我們做出一些不成熟不明智的決定，或承擔一定的風險，但是，這要比猶豫不決做不出決定要好得多，而且多次果斷決策，不可能都是錯誤的，如果真的是那樣，那麼就要考慮到問題是否出在智力和精神上，所以大可不必為果斷決策可能帶來的壞結果傷腦筋。許多成功人士就是在關鍵時刻果斷決策、大膽行動才使他們踏上了成功之路。

　　經過實地考察後，尼古拉斯意識到那些負責此次任務（在聖彼得堡和莫斯科之間鋪設一條鐵路）的官員之所以猶猶豫豫、進展緩慢，最大的問題就在於這些官員為圖私利而互相扯皮。尼古拉斯決定必須盡快結束這種局面。因此，當部長把各種方案講給尼古拉斯聽時，尼古拉斯什麼也沒有說，他拿起一把尺子，在地圖聖彼得堡和莫斯科之間劃了一根線，對部長說：「就按這樣鋪設鐵路。」聖彼得堡直達莫斯科的鐵路線就這樣確定了。

　　安特塔姆戰役的硝煙剛剛散盡，林肯（Lincoln）總統在國會上就宣布：「我們不能再等了，必須現在就頒布解放奴隸法。」

　　林肯知道，這一法令將會獲得大多數人的支持，因此，他

決定一定要將這一法令實施到底。他發誓說：「假如李將軍無法再在賓夕法尼亞待下去的話，他將以奴隸們獲得自由來慶祝此事。」

做不出決定固然不好，但對做出的決定缺乏足夠的信心同樣很糟糕，因為對自己的決定缺乏信心將會導致決定不能夠很好地貫徹實行下去。

莎士比亞這樣評價凱薩（Caesar）：「凱薩是個先做後說的人，他說的時候實際上已經做了。」

喬治·艾略特（George Eliot）說：「等到各種條件都成熟、都具備的時候再行動的人，實際上他什麼也做不成。」

果斷是優秀的品格

在培雷火山爆發的前一天，一艘義大利商船奧薩利納號正在培雷火山所屬的聖皮埃爾島裝貨，準備運往法國。船長馬里奧·雷伯夫憑著經驗敏銳地預感到了火山爆發的威脅。於是，他下令停止裝貨，立即開船。但是發貨人堅決反對他的決定，並威脅說，如果他現在離開港口，他們就以違約罪去控告他，並要求雙倍賠償。但是船長決心已定。即使發貨人一再向船長解釋培雷火山已經沉默了十幾年，不會有爆發的危險，船長仍然堅定地回答道：「我雖然不了解培雷火山，但是我知道維蘇威

火山爆發前與培雷火山今天早上的情況一模一樣。好了，我們現在必須離開這裡，我寧可付出雙倍的賠償，也不能冒著風險繼續在這裡裝貨。」

24小時後，在發貨人和兩名海關官員正準備上艇前去緝捕馬裡奧船長的時候，培雷火山爆發了，他們全部被岩漿吞沒了。而薩利納號此時正安全地航行在去往法國的公海上。堅定的意志和決心贏得了最終的勝利，若是猶豫不決，結果只能是滅亡。

當今的世界需要意志堅定、精力充沛、行動迅速的人。這種人善於作決定，也善於執行決定。當面對多個問題的時候，他們會集中精力考慮其中一個問題，果斷做出決定，然後把它擱置一旁，再集中精力解決另一個問題。這種人有著超常的管理能力，他不但能制定工作計畫，還能夠執行工作計畫。他不僅可以做出決定，而且能夠將決定貫徹到底。

每一塊手錶裡都有一根我們看不見的發條，它推動著指標旋轉，準確地計時。同樣，在每一個成功企業的背後，在每一個偉大機構中，必定有一個個性堅強的領導者。這個人有著鋼鐵般的自制力，他領導和運轉著一個企業，嚴謹地管理著這個企業。他的決定果斷而明確，從不會因某種原因而輕易更改決定。其他人有提出建議和意見的權利，但是他是最終裁決和監督執行的人。他是企業的脊梁，任何有關企業的大決定必須由

他作出，其他的人都從他那得到啟示，接受命令。一旦他退出了或者停止了行動，那麼整個企業將像斷了弦的鐘錶，指標仍在，卻沒有了運轉的動力，更無法準確地計時了。沒有了鋼鐵般的意志和決定性的力量，一切都將靜止下來。

著名的大商人斯圖爾特（Stewart）去世後，由他創立的一個偉大的商業機構便漸漸失去了內在的動力，不久便土崩瓦解了。歷史悠久的紐約銀行原本不過是一個不知名的小金融機構，但自從羅伯特·伯納上任以來，在他大膽而新穎的商業運轉方式的帶動下，這個小銀行便一躍成為了著名大銀行，可是，在這個創造輝煌的人物離開後，紐約銀行又新貌換舊顏了。

一個偉大的領袖的身後總是有無數的跟隨者。沿著別人的足跡前行相對來說並不難，但是，要做一個留下足跡的領袖卻是困難的，那需要有創見、敏銳、果斷、毅力、能力和韌勁，缺一不可。

如果你習慣猶豫不決，前怕狼後怕虎，不知道自己到底該做什麼、需要什麼，那麼你永遠也不會成為一個領袖，這些只是一個平庸者的品格。當然，領袖並非完人，也會有各式各樣的缺點，但是他有明確的思想，他知道想要什麼，應該做什麼，並會努力去追求、去做。即使犯了錯，遇到挫折，他也會立刻站起來，勇敢地繼續前行。

　　能夠果斷做出選擇的人從不怕犯錯。無論他犯過多少次錯，他仍將是那些懦夫和猶豫不決的人的領導者。那些人因懼怕犯錯而不敢挪動腳步；那些怕遭受損失，怕擔風險，總是等待情況穩定之後再行動的人；那些站在河邊，直到被推下水去才肯游泳的人，是永遠不會到達成功彼岸的。

　　世界上有很多人害怕自己做決定，他們顧慮重重，怕承擔做出決定的後果。他們擔心，如果今天做出選擇，明天或許會有更好的機會，那時他們會因此而後悔當初的選擇。這種牆頭草式搖擺不定的個性，徹底毀滅了他們的自信心；他們懷疑自己沒有承擔重要決策的能力；他們不敢確定自己潛意識中的選擇，這致命的弱點摧毀了他們天生的聰明才智。

　　與平靜的水總是存在於海底深處一樣，你的判斷力深深地存在於你的個性當中，它不應該受到情緒、他人的意見和批評以及表面現象的干擾。這種判斷力是處理任何重大事件時所必須要有的。有的人雖然才華出眾，但卻毀於這樣一個小的個性弱點，尤其是當他其他各方面能力都很強的時候，這是人生的悲劇，當今社會又有多少人能力超群，最終卻因為缺乏當機立斷的個性而淪為平庸之輩，這不能不說是慘痛的教訓。

　　一個橋梁工程師在建造一座橋前，首先必須要確定適合修建橋墩的位置。如果他總是懷疑自己是否找到了最佳位置，那麼他永遠不會建成這座橋。無論地況如何，條件多麼差，他都

必須迅速做出決定，立刻開工，最終才能建成這座橋。因此，作為一個建築師，必須養成當機立斷的行事作風，拒絕猶豫和退縮，才能成功實現最後目標。

猶豫不決是年輕人通向成功道路上的最大障礙，嚴重威脅著他們的生活。如果他們下定決心，勇往直前，毫不退縮，那麼成功的機會將大大增加。因為一旦立下永不退縮的恆心，他們就會調動全部的資源來壯大自己，穿越障礙，最終定會取得成功。但若他們猶猶豫豫，總給自己留一條後路，那麼一遇到挫折或困難他們就會想著後退，最後只能半途而廢一無所獲。

如果你有猶豫不決的壞習慣，那麼請你振作起來，拿出勇氣和必勝的信心，在它設定路障之前打敗它，確保精力和機會完好無損。現在就行動起來吧，不斷地嘗試果斷的決定，切斷後路，強迫自己前行。不管擺在你面前的問題多麼簡單，都不要再猶豫。你目前的所有條件，權衡利弊，迅速做出決定。決定一經做出，就不要再後悔，讓它成為最終的決定。不要再考慮其他方案，不要再拿出來討論，要堅定，要迅捷，大聲地向人們宣告，一切就這樣定了。

如此堅持下去，直到果斷這一優秀品格成為你個性的一部分。你會驚喜地發現你原來也可以這樣堅強，同時也增強了他人對你的信任。起初，你也許常犯錯誤，但是你的判斷力和你對自己判斷力信心的加強，將彌補你犯的錯。

　　果斷是人類優秀品格的核心，如果你缺少這種核心，那麼你生命的航船將失去方向，漂泊在大海上，經受暴風雨的吹打，永遠找不到停泊的港灣。

當斷則斷，沒有後患

　　美國作家華盛頓・歐文（Washington Irving）告訴人們：「一種成熟的、經過訓練的天賦不愁沒有用武之地，但是機會不會自己找上門來，還需要自己去創造。我們常常聽人說，一些膽大魯莽之人怎樣獲得了成功，而真正有才能，又十分穩重的人卻容易被人遺忘，當然，這未必符合事實。不過，有時候一些膽子較大的人的確擁有做事果斷、不猶豫的優秀品格。而沒有這些優秀品格，所謂的才能也不過是紙上談兵罷了。一隻總是打瞌睡的獅子還不如一隻會叫喚的狗用處大。」

　　約翰・卡爾霍恩（John Caldwell Calhoun）是美國政治家，他在耶魯大學就讀時，非常刻苦勤奮，為此，他的一個同學譏笑他，可他卻說：「我必須抓緊時間學習，這不是什麼怪事，我是在為將來進入國會後有所作為打基礎、作準備。」對方禁不住大笑起來，卡爾霍恩認真地說：「難道你不相信嗎？我可以這樣說，要當上國會議員，我只需要 3 年時間，如果我不知道自己有這種能力，那麼我絕不會坐在這裡讀書。」

史蒂芬將軍在科羅納被俘後，對手看著他，並且以嘲弄的口吻問：「如今，你的要塞在哪裡？」將軍用手指著胸口，凜然回答：「這裡！」

約翰·弗里蒙特（John C. Frémont）在美國政壇上的得意之作就是讓加利福尼亞成為美國的領土，他本人也因此成了美國政壇上的一位重要人物，但後來他就漸漸走出了人們的視野。最後，他僅僅是靠著科學方面的成就，在歐洲的一些大學擔任了由於洪堡去世而空出的教職。他的一位政治對手是這樣評價他的：「他之所以被人遺忘，原因就在於他缺乏一種強而有力的個人意志。不過這種讓人遺忘他的才能倒是他獨有的。」

「快！快！快！為了生命加快步伐！」這句話常常出現在英國亨利八世統治時代的留言條上，旁邊往往還附有一幅圖畫，畫的是沒有準時把信送到的信差在絞刑架上掙扎的情景，以警示人們要守時。由於當時還沒有郵政事業，信件都是由政府派出的信差發送的，如果信差在路上延誤了時日就要被處以絞刑。

我們現在一個小時可以完成的任務是一百年前的人們20個小時的工作量。在古老的生活節奏緩慢的馬車時代，用一個月的時間歷經路途遙遠而危險的跋涉才能走完的路程，我們現在只要幾個小時就可以穿越。但是，即使是在那樣的年代，不必要的耽誤時間也是犯罪。因此，文明社會的一大進步就是對時間的準確測量和利用。

　　守時與精確是成功的雙親。每個人的成功故事都取決於某個關鍵時刻，這個時刻一旦猶豫不決或退縮不前，你將永遠失去成功的機會。

　　任何時候都可以做的事情往往永遠都不會有時間去做。這句家喻戶曉的俗語幾乎可以成為很多人的格言警句。倫敦的非洲協會想派旅行家利亞德去非洲，當人們問他什麼時候出發時，他毫不遲疑地說：「明天早上。」當有人問後來成為著名的溫莎公爵的約翰‧傑維斯（John Jervis），他的船什麼時候可以加入戰鬥時，他立即回答：「現在。」科林‧坎貝爾（Colin Campbell）被任命為駐印度軍隊的總指揮，在被問及什麼時候可以派部隊出發時，他總是回答說：「明天。」

　　避免做事乏味無趣的最好方法就是當機立斷。拖延則通常意味著逃避，其結果往往就是不了了之。我們做事情就像春天播種一樣，如果沒有在適當的季節行動，以後就不會再有合適的時機了。無論夏天有多長，也無法完成春天被耽誤的事情。一顆星體的運轉即使只晚了一秒，也會造成整個宇宙的混亂，造成難以想像的後果。

　　科貝特（Cobbett）曾經說：「隨時做好準備地積極實幹態度，就是我成功的關鍵所在。如果不是這一點，即使把我所有的天賦加起來也不會有太大的作為。正因為這種個性，我才會在軍隊裡得到提升。如果我在 10 點鐘上崗，那麼我在 9 點鐘就做好

了準備。從來沒有一個人或一件事因為我而耽誤一分鐘。」

　　一位法國政治家被問及他怎麼能夠在職業上取得巨大成就，同時還身兼多職的問題時，他回答說：「我只是遵從今天的事情今天做，如此而已。」據說有一位從事社會工作的人遭到了失敗，他正好把這個過程顛倒過來，他的格言是：「能夠推到明天的事情絕不今天做。」有多少人把本來可能加以利用從而有所作為的時間與親戚和朋友待在一起不知不覺地消磨掉了，無所事事地浪費了。

今日事，今日畢

　　職業生涯中，每個人都有遠大理想，特別是在有了一份理想的職業以後，總是雄心勃勃，要做出點名堂，成就一番事業。可是，現實中有很多人說得多，做得少，他們把遠大的理想掛在嘴邊，卻個願安下心來身體力行，幾年、十幾年過去了，非但沒有做出什麼成績，反而連很好的職業也失去了，導致了職業生涯的失敗。

　　一份好職業，只是為你提供了一個施展自己才能的舞臺，而演出效果如何，完全看你一點一滴的表現。成敗得失在舉手投足之間。偉大寓於平凡，平凡孕育偉大。富蘭克林（Frank-lin）當過學徒；法拉第（Faraday）和愛迪生（Edison）當過報童；

史蒂芬生（Stephenson）當過放牛人、礦工……他們有的是自己創造出適合自己工作的新生涯，有的是在主客觀條件的作用下，找到了更適合自己才能個性的新職業。無論哪種情況，他們成功的共同特點是對職業生涯的投入，而不是坐享其成。

鴻篇鉅著是一個字一個字寫出來的；偉大的發明創造是一次一次繁瑣的實驗證明出來的。世上恐怕沒有人相信有不靠「梯子」一步登天的奇蹟。

你在這個充滿機遇和挑戰的社會裡，只要努力，就能夠找到屬於自己的職業位置；只要不氣餒，你就可以把簡陋的小屋建成輝煌的殿堂。海闊憑魚躍，天高任鳥飛。偉大的事業是由無數細小的微粒組成的。成就一件大事業，絕不要拒絕小事情。要有遠大前途，就要立足本職工作，從小事做起。尤其要百倍地珍惜今天。

今天是實實在在的，珍惜今天，就等於抓住了今天；

抓住今天，就等於掌握了現在；掌握了現在，就等於把握了未來。從這個意義上說，今天比明天好，今天勝過明天。

對你來說，時間正隨著時代的發展而變得越來越重要。

時間就是效率，時間就是效益，時間就是金錢，時間就是生命。正因為時間非常寶貴，上帝好像為了防止你浪費時間，只是一分一秒地把時間賜予你。你不能把時間儲存起來，也不

能把時間提前借用過來。你得到的時間僅僅是在當時，也就是今天；而今天也要永遠地逝去。昨天是作廢的支票，明天是有期票據，只有今天是法定貨幣，只有在今天才具有流通性。

珍惜時間、爭分奪秒埋頭苦幹的你，是最討人喜歡的。只要你願意，你就能永遠在一種職業上做下去，因為你把今天視為生存時間與空間的綜合概念，你會心無旁騖地致力於做好今天的事情。於是，你能夠做出工作成績，能夠處理職業生涯中的種種矛盾和問題。從而把競爭風險轉化為競爭動力，牢牢地掌握著工作的主動權和優先權。

強調今天重要，並不是說明天就不重要，而是說明天有明天的事情。你在安排好今天活動的時候，要想到明天，或者後天該做什麼，這就是設計。你需要規劃生涯，沒有生涯規劃，職業生涯只能盲目進行，盲目的行為是不會有好結果的。所以，對明天的關注也是職業生涯所必需的，對能否保住理想的職業並有效競爭具有重要作用。但與今天的現實生活比較，明天畢竟是虛無飄渺的，明天的真實性，只有經過今天來驗證，沒有今天的實踐，明天的理想也無法實現。生活的主人是講求實際的你，知道美好的生涯是實際創造的結果，而不是空想的結果。只要你抓緊時機，不懈努力，不惜心血和汗水就會加固自己厚愛的職業生涯根基。

行動重於心動

你要想成為一個成功者，要想實現你夢寐以求的生活，就不要再說自己「倒楣」了。對於成功者來說，世界上不存在絕對的好時機，不存在厄運籠罩的日子。他們相信所有的機會。好運都是透過自己的行動爭取而來的。

一個能夠享有盛名、迅速成功的人，做起任何事情來，一定十分清楚敏捷，處處得心應手；一個為人含糊不清的人，做起事來，一定也是含糊不清。天下事不做則已，要做就非得十分完善不可，不然你就一定會被淘汰。那些做起事來半途而廢的人，任何人都不會對他產生信任。他開出去的借據沒人願意接受，他替人管理金錢，也沒有人敢相信他，無論他走到哪裡，都不會受人歡迎。

「對這個問題，我得先考慮考慮。」約翰在別人要他回答問題時，他總是這樣回答。約翰要決定一件事時，總會考慮再三，人們經常怪他處事不果斷。」他總是在決定某件事情上花費很多的時間，哪怕是件微不足道的小事。」他的女友這樣評論他。而他周圍還沒有人對他有行事莽撞和容易衝動的印象。那些對他沒有好感的人說他膽小如鼠，而約翰身材魁梧，從外表上看，他絕不像個膽小的人，但從心理方面來說，用膽小如鼠形容他是有幾分道理的。此外，他對一些可能引起爭執的事也

盡量避開，怕惹是生非。

約翰在獲得企業管理的碩士學位後，就在一家國際性的化學公司工作。剛開始時，他對給他的職位相當滿意。因為這一職位不但薪水可觀，而且晉升的機會也很大。「無須從基層一步步做起，這實在太好了，」約翰在提到自己的好運時說道，「現在給我的職位比我原先期望的要高。」由於約翰對管理有著特殊的興趣，而他學的又是這門專業，所以，他極想使自己一些主張成為現實。「我覺得有許多事需要我去做，」他在入職 4 個月後說道。

然而，約翰在這家公司工作 15 個月後，他才開始意識到自己的弱點，而這個弱點以後成為他事業發展道路上的主要障礙。在約翰擔任新職不久就被邀請參加一個委員會，該委員會專門負責審理公司裡的日常工作報告。這家公司的規模巨大，全世界都有分支機構，所以需要靠很多人的努力才能做出一份行之有效的審理報告。

而約翰的上司在這個委員會中把約翰同其他成員做了一番比較。在展開工作計畫的頭幾個星期，這位上司注意到約翰的工作一進度比其他人要慢得多。「抓緊點，約翰，動作快一些！」他的頂頭上司友好而又認真地提醒他。

然而，約翰的速度並沒有因為這句提醒的話而加快，反而更加慢了。「速度，」他憎恨地說，「這裡工作唯一重要的就是速

度。每個人都希望你能提前完成任務。」由於工作性質的關係，約翰工作速度慢的問題致使最高首腦管理機構從世界各地發來的報告中得到的資訊往往太遲，因而使得他們下能及時地採取相應的對策。在這種情況下，人們對約翰這種行事謹慎、慢條斯理的工作方法很反感。和他同組的一位同事用帶有嘲諷的語氣說道：「要是你有什麼壞消息，並希望它像蝸牛爬行似的傳出去的話，那就把它交給約翰處理吧。」

後來這項工作計畫在接近末尾時，約翰忽然發起蠻勁來，竟然工作得同別人一樣快，由於他的這一行動，使他在這些事上沒有受到多大傷害。「要是我願意，我還是能夠工作得與別人一樣快的，」他非常懊惱地說道，「但這並不表示我喜歡這樣做。」在隨後的五年中，他獲得兩次提升的機會，但上升的幅度都不大。有一次，他的上司在談話中告訴他的提升消息後，對他說：「你工作表現不錯，有時是速度慢了些，但整體來說是好的。」

不管是誰，都不會信任一個做起事來拖拖拉拉的人，因為他在精神與工作上含糊粗拙，一點也靠不住，只要一看見他那粗拙的成績，就會想到他的為人。這些人也許在其他方面有很多優點，但由於做事的拖沓，很難得到別人的賞識，這種做事的方法將必然影響他們的前途。而要想獲得成功，就應行動敏捷，這樣才能搶占先機，從而擁有更多的財富！

力戒做事拖延

字典為「拖延」下的定義是：「把不愉快或成為負擔的事情推遲到將來做，特別是習慣性這樣做。」

如果你是個辦事拖拉的人，你大概在浪費大量的寶貴時間。這種人花許多時間思考要做的事，擔心這個擔心那個，找藉口推遲行動，又為沒有完成任務而悔恨。在這段時間裡，其實他們本來能完成任務而且應轉入下一個工作了。

有幾個辦法可以有效對付拖延的作風：

一是確定一項任務是否非做不可。有時，我們感覺到一項任務不重要，於是做起來就拖拖拉拉。如果這項任務真的不重要，就把它取消好了，而不是拖延然後又後悔。有效分配時間的重要一環，是把可有可無的任務取消掉，應該從你的日程表中消除亂糟糟的東西。

二是把任務委託給其他人。有時候，任務是能完成的，但是你不喜歡做。你不願意或許與你的個性或專長有關。如果你把任務委託給一個更適合做、更樂意做的人，你和他就都成了贏家。

三是弄清楚有什麼好處，然後行動起來。我們往往因為看不到完成一項不愉快任務有什麼好處而拖拖拉拉。也就是說，我們做這項任務時付出的代價似乎高於做完之後得到的好處。

應付這個問題的最佳辦法是從你的目標與理想的角度分析這個任務。如果你有個重大目標，那你就比較容易拿出幹勁去完成有助於你達到目標的任務。

四是養成好習慣。許多人的拖延已經成了習慣。對於這些人，要完成一項任務的一切理由都不足以使他們放棄這個消極的工作模式。如果你有這個毛病，你就要重新訓練自己。用好習慣來取代拖沓的壞習慣。每當你發現自己又有拖沓的傾向時，靜下心來想一想，確定你的行動方向，然後再給自己提一個問題：「我最快能在什麼時候完成這個任務？」定出一個最後期限，然後努力遵守。漸漸地，你的工作模式就會發生變化。

「種下行動就會收穫習慣；種下習慣便會收穫性格；種下性格便會收穫命運」，心理學家兼哲學家，威廉・詹姆士（William James）這麼說。他的意思是 —— 習慣造就一個人，你可以選擇自己的習慣，在使用座右銘時，你可以養成自己希望的任何習慣。

在說過「現在就去做」以後，只要一息尚存，就必須身體力行。無論何時必須行動，「現在就去做」從你的潛意識問到意識裡時，你就要立刻行動。

請你養成習慣，先從小事上練習「現在就去做」，這樣你很快便會養成一種強而有力的習慣，在緊要關頭或有機會時便會

『立刻掌握』」。

行動可以改變一個人的態度，使他由消極轉為積極，使原先可能糟糕透頂的一天變成愉快的一天。

卓根‧朱達是哥本哈根大學的學生，他就是這樣做的。有一年暑假他去當導遊。因為他總是高高興興地做了許多額外的服務，因此幾個芝加哥來的遊客就邀請他去美國觀光。旅行路線包括在前往芝加哥的途中，到華盛頓特區做一天的遊覽。

卓根抵達華盛頓以後就住進「威樂飯店」，他在那裡的帳單已經預付過了。他這時真是樂不可支，外套口袋裡放著飛往芝加哥的機票，褲袋裡則裝著護照和錢。後來這個青年突然遇到晴天霹靂。

當他準備就寢時，才發現皮夾不翼而飛。他立刻跑到櫃檯那裡。

「我們會盡量想辦法。」經理說。

第二天早上仍然找不到，卓根的零用錢連兩塊錢都不到。自己孤零零一個人待在異國他鄉，應該怎麼辦呢？打電報給芝加哥的朋友向他們求援？還是到丹麥大使館去報告遺失護照？還是坐在警察局裡乾等？

他突然對自己說：「不行，這些事我一件也不能做。我要好好看看華盛頓。說不定我以後沒有機會再來，但是現在仍有

寶貴的一天待在這個國家裡。好在今天晚上還有機票到芝加哥去，一定有時間解決護照和錢的問題。

「我跟以前的我還是同一個人。那時我很快樂，現在也應該快樂呀。我不能白白浪費時間，現在正是享受的好時候。」

於是他立刻動身，徒步參觀了白宮和國會山莊，並且參觀了幾座大博物館，還爬到華盛頓紀念館的頂端。他去不成原先想去的阿靈頓和許多別的地方，但他看過的，他都看得更仔細。他買了花生和糖果，一點一點地吃以免挨餓。

等他回到丹麥以後，這趟美國之旅最使他懷念的卻是在華盛頓漫步的那一天 —— 如果他沒有運用做事的祕訣就會白白溜走的那一天。「現在」就是最好的時候，他知道在「現在」還沒有變成「昨天我本來可以……」之前就把它抓住。

這裡順便把他的故事說完吧，就在多事的那一天過了五天之後，華盛頓警方找到他的皮夾和護照，並且送還給他。

總之，如果下定決心立刻去做，往往會激發潛能，往往會使你最熱望的夢想也實現。孟列・史威濟正是如此。

史威濟非常喜歡打獵和釣魚，他最喜歡的生活是帶著釣魚竿和獵槍步行 50 里到森林裡，過幾天以後再回來，筋疲力盡，滿身汙泥而快樂無比。

這類嗜好唯一不便的是，他是個保險業務員，打獵釣魚太

花時間。有一天，當他依依不捨地離開心愛的鱸魚湖，準備打道回府時突發異想，在這荒山野地裡會不會也有居民需要保險？那他不就可以同時工作又有戶外逍遙了嗎？結果他發現果真有這種人：他們是阿拉斯加鐵路公司的員工。他們散居在沿線 500 里各段路軌的附近。他可不可以沿鐵路向這些鐵路工作人員、獵人和淘金者拉保呢？

史威濟就在想到這個主意的當天開始積極計劃。他向一個旅行社打聽清楚以後，就開始整理行裝。他沒有停下來讓恐懼乘虛而入，自己嚇自己會使以後認為自己的主意變得很荒唐，以為它可能失敗。他也不左思右想找藉口，他只是搭上船直接前往阿拉斯加的「西湖」。

史威濟沿著鐵路走了好幾趟，那裡的人都叫他「步行的史威濟」，他成為那些與世隔絕的家庭最歡迎的人。同時，他也代表了外面的世界。不但如此，他還學會理髮，替當地人免費服務。他還無師自通地學會了烹飪。由於那些單身漢吃厭了罐頭食品和醃肉之類，他的手藝當然使他變成最受歡迎的貴客啦。而在這同時，他也正在做一件自然而然的事，正在做自己想做的事：悠徉於山野之間、打獵、釣魚，並且 —— 像他所說的 —— 「過史威濟的生活」。

在人壽保險事業裡，對於一年賣出 100 萬元以上的人設有光榮的特別頭銜，叫做「百萬圓桌」。在孟列‧史威濟的故事

中，最不平常而使人驚訝的是，在他把突發的一念付諸實行以後，在動身前往阿拉斯加的荒原以後，在沿線走過沒人願意前來的鐵路以後，他一年之內就做成了百萬元的生意，因而贏得「圓桌」上的一席地位。假使他在突發奇想時，對於做事的祕訣有半點遲疑，這一切都不可能發生。

「現在就去做」可以影響你生活中的每一部分，它可以幫助你去做該做而不喜歡做的事；在遭遇令人厭煩的職責時，它可以教你不推脫延宕。但是它也能像幫助孟列·史威濟那樣，這個剎那一旦錯過，很可能永遠不會再碰到。

請你記牢這句話：「現在就去做！」

拖延者與成功無緣

拖延的陋習會使人一事無成，這是因為拖延能殺傷人的積極性。

拖延是人性的一種弱點，它在生活中不僅強大而且令人討厭。如果每當你遇到糟糕的情況，你總是說「我應該做它，但應付它現在已經太晚」，那麼，你的「拖延」失誤的形成則不能歸咎於外在力量的影響，它完全是由你自己的因素造成的。

拖延是一個將導致許多失誤的惡魔。很少有人能坦率地承認他們是不拖延的，雖然這種心態從長遠來說是不健康的。正

如前面已經探討過的其他失誤所表明的後果一樣，拖延這一行為本身也不可能帶來健康的後果。當然，實際上，拖延是不存在的，因為你只是沒有做你打算做的事而己。它實際上是一種反映了神經官能症的情緒副作用和固定的行為模式。如果你覺得你拖延並喜歡這樣做而且又沒有負疚感、焦慮感或忐忑不安的感覺那麼，你就繼續那樣做下去好了。然而，對大多數人來說，拖延實際上總是會使他們期待已久的幸福遲遲不能到來。我們個人在自己的一生中，有著種種的憧憬、種種的理想、種種的計畫，如果我們能夠將這一切的憧憬、理想與計劃，迅速地加以執行，那麼我們在事業上的成就不知道會有怎樣的偉大！然而，人們往往有了好的計畫後，不去迅速地執行，而是一味的拖延，以致讓一開始充滿熱情的事情冷淡下去，使幻想逐漸消失，使計劃最後破滅。

希臘神話告訴人們，智慧女神雅典娜是在某一天突然從宙斯的頭腦中一躍而出的，躍出之時雅典娜衣冠整齊，沒有凌亂現象。同樣，某個高尚的理想、有效的思想、宏偉的幻想，也是在某一瞬間從一個人的頭腦中躍出的，這些想法剛出現的時候也是很完整的。但有著拖延惡習的人遲遲不去執行，不去使之實現，而是留待將來再去做。其實，這些人都是缺乏意志力的弱者。而那些有能力並且意志堅強的人，往往趁著熱情最高的時候就去把理想付諸實施。

一日有一日的理想和決斷，昨日有昨日的事，今日有今日的事，明日有明日的事。今日的理想，今日的決斷，今日就要去做，一定不要拖延到明日，因為明日還有新的理想與新的決斷。

拖延的習慣往往會妨礙人們做事，因為拖延會消滅人的創造力。其實，過分的謹慎與缺乏自信都是做事的大忌。有熱忱的時候去做一件事，與在熱忱消失以後去做一件事，其中的難易苦樂要相差很大。趁著熱忱最高的時候，做一件事情往往是一種樂趣，也是比較容易的；但在熱情消滅後，再去做那件事，往往是一種痛苦，也不易辦成。放著今天的事情不做，非得留到以後去做，其實在拖延中所耗去的時間和精力，就足以把今日的工作做好。所以，把今日的事情拖延到明日去做，實際上是很不合算的。有些事情在當初來做會感到快樂、有趣，如果拖延了幾個星期再去做，便感到痛苦、艱辛了。比如寫信就是一例，一收到來信就回覆，是最為容易的，但如果一再拖延。那封信就不容易回覆了。因此，許多大公司都規定，一切商業信函必須於當天回覆，不能讓這些信函擱到第二天。

命運常常是奇特的，好的機會往往稍縱即逝，有如曇花一現。如果當時不善加利用，錯過之後就後悔莫及。

決斷好了的事情拖延著不去做，還往往會對我們的品格產生不良的影響。唯有按照既定計畫去執行的人，才能增進自己的品格，才能使其人格受到他人的敬仰。其實，人人都能下決

心做大事，但只有少數人能夠一以貫之地去執行他的決心，而也只有這少數人是最後的成大事者。

當一個生動而強烈的意念突然閃耀在一個作家腦海裡時，他就會生出一種不可遏制的衝動，提起筆來，要把那意念描寫在白紙上。但如果他那時因為有些不便，無暇執筆來寫，而一拖再拖，那麼，到了後來那意念就會變得模糊，最後，竟完全從他思想裡消逝了。

一個神奇美妙的幻想突然躍入一個藝術家的思想裡，迅速得如同閃電一般，如果在那一剎那間他把幻想畫在紙上，必定有意外的收穫。但如果他拖延著，不願在當時動筆，那麼過了許多日子後，即使再想畫，那留在他思想裡的好作品或許早已消失了。

靈感往往轉瞬即逝，所以應該及時抓住，要趁熱打鐵，立即行動。

更壞的是，拖延有時會造成悲慘的結局。凱薩大將只因為接到報告後沒有立即閱讀，遲延了片刻，結果竟喪失了自己的性命。曲侖登的司令雷爾叫人送信向凱薩報告，華盛頓已經率領軍隊渡過特拉華河。但當信使把信送給凱薩時，他正在和朋友們玩牌，於是他就把那封信放在自己的衣袋裡，等牌玩完後再去閱讀。讀完信後，他情知大事不妙，等他去召集軍隊的

時候，時機已經太晚了。最後全軍被俘，連他自己的性命也喪在敵人的手中。就是因為數分鐘遲延，凱薩竟然失去了他的榮譽、自由和生命！

有的人身體有病卻拖延著不去就診，不僅身體上要受極大的痛苦，而且病情可能惡化，甚至成為不治之症。

沒有別的什麼習慣，比拖延更為有害。更沒有別的什麼習慣，比拖延更能使人懈怠、減弱人們做事的能力。

人應該極力避免養成拖延的惡習，受到拖延引誘的時候，要振作精神去做，絕不要去做最容易的，而要去做最艱難的，並且堅持做下去。這樣，自然就會克服拖延的惡習。拖延往往是最可怕的敵人，它是時間的竊賊，它還會損壞人的品格，敗壞好的機會，劫奪人的自由，使人成為它的奴隸。

要醫治拖延的惡習，唯一的方法就是立即去做自己的工作。要知道，多拖延一分，工作就難做一分。「立即行動」，這是一個成大事者的格言，只有「立即行動」才能將人們從拖延的惡習中拯救出來。

遲緩留下終生遺憾

你的周圍到處都充滿了機會，只要你有一雙銳利的眼睛，就會捕捉到它們的蹤跡；那些渴求幫助的人呼聲越來越弱，只

要你善於傾聽，就一定能聽到那越來越弱的呼聲；你不會僅僅為了私人利益而工作，只要你有一顆仁愛之心；高尚的事業就徘徊在你的周圍，只要你伸出自己的手，就永遠有機會去開創。

　　一個裝滿水的大盆不斷往外溢水的情景可能每個人都見過，但卻沒有人肯開動腦筋，運用自己所學的知識去想一想，溢位的水的體積正好等入浸在水中的物體的體積。而這個現象卻被阿基米德觀察到了，由此，他找到了一種計算體積的最簡便的方法。任何不規則的物體的體積都可以運用這個方法迅速地計算出來。

　　每個人都知道，一個垂懸的重物在來回擺動時非常有規律，直到最後，它會因受到空氣的阻力而慢慢停下來。但是這一現象是否具有任何其他的現實意義，卻從未有人研究過，更沒有人想到將這一原理運用到生活中的什麼地方。然而伽利略（Galileo Galilei）在少年時就在偶然間注意到了比薩大教堂上方懸掛著的一隻燈在不停地左右擺動，而且是極有規律地來回擺動，這引起了他極大的興趣。他經過潛心研究總結出了著名的鐘擺定律。伽利略一生都致力於研究與探索，就是監獄的鐵門也阻擋不了他的熱情。在他被關進監獄時，他仍然堅持用稻草桿做實驗，最終發現了具有相同直徑的實心管與空心管的相對強度。

　　多年以來，天文學家們都認為土星的外圍光圈只是行星形

成規律假說的一個例外而已，但是拉普拉斯（Laplace）卻在觀察到這現象後否認了這一觀點。他認為，這是平常難以觀察到的星體形成過程中唯一可見的一個階段。他的這一觀點最終得到了證實，為星體形成的科學史增添了亮麗的一筆。

在大西洋以外也許還存在大陸，這是所有歐洲水手們設想的情景，但從未有人付諸行動去真正探索它。哥倫布（Columbus）成了勇敢探索的第一人。他帶領船隊在無邊無際的未知海洋中前行，竟然意外地發現了新大陸。

曾經從蘋果樹上落下來成千上萬個蘋果，也曾經有無數的人從蘋果樹下經過而被樹上落下的蘋果砸到頭，這個現像似乎在提醒人們思考一下其中的原理。而看到蘋果落地這個現象時，只有牛頓（Newton）問了一句為什麼，並從此陷入深思。

最終，牛頓他意識到，蘋果之所以會往下落而不是往上去或落到其他方向的現象，與所有的星體能夠在各自的軌道上正常運轉，以及宇宙中分子在不停地運動卻沒有相互碰撞並糾纏在一起是基於同樣的原理。

自古以來，閃電就在人們的眼前閃亮，雷鳴就在人們的耳畔轟響，但是人們頭腦中沉睡的思想卻從來沒有被喚起，閃電所具有的巨大能量也從來沒有被人們意識到。只有富蘭克林睜大了眼睛，豎起了耳朵，向天空中嘶奔的千軍萬馬昂起了頭。

他透過一個極其簡單的實驗向世上證明了，閃電是一種強大而又能被人所控制的力量表現，它廣泛地存在宇宙空間之中，就像空氣和水一樣。

上面所提及的眾多人物之所以被人稱為偉人，其原因就在於他們能夠把世人眼中普通得不能再普通的情形變成一種機會，透過這種機會就能創造一番偉業。偉人的故事我們曾讀過無數，從中我們能夠深深地理解所羅門王在幾千年前所說的那句話的含義：「你見過工作勤奮努力的人嗎？他應該與國王平起平坐。」孜孜不倦的富蘭克林一生曾經與 5 位國王平起平坐，與 2 位國王共進晚餐，他用他的一生對這句話作了最好的詮釋。

發現機會與把握機會如同種子一樣被那些善於利用機會的人播撒在生活的田野裡，這些種子終有一天會生根、發芽、結果，把更多的機會帶給他們自己或其他人。每一個恪盡職守、踏踏實實工作的人都在走近知識和幸福，此時可供選擇的道路越來越寬，越來越平坦，也越來越容易向前走。事實上，這些道路是向所有人敞開的，無論是溫文爾雅的學生，還是頭腦冷靜、生活節儉、風華正茂的機械師；無論是恪盡職守、努力向上的公司職員，還是謹慎細緻、舉止脫俗的公務員。如今，透過這些道路走向成功的可能性甚至勝過了歷史上的任何時期。

猶豫是人生的大忌

　　一個青年來到一個畫室觀看眾神的雕像，突然，他指著一尊雕像好奇地問雕塑家：「這尊雕像叫什麼名字？」雕塑家看著那尊臉被頭髮遮住，腳上還生有一對翅膀的雕像平靜地回答：「機會之神」。青年又問：「它為什麼把臉藏起來呢？」「因為它在走近人們時，人們卻很少能夠看見它。」雕塑家回答。「那麼在它的腳上為什麼生有一對翅膀呢？」青年追問道。「那是因為它會很快飛走，而它一旦飛走了，人們也就永遠看不見它了。」雕塑家意味深長地回答。

　　一位拉丁作家曾經說：「機會女神的頭髮都長在前額上，如果你能夠抓住她前額上的頭髮，你就能夠抓住她。然而，如果她從你的手中掙脫了，你就再也抓不住她了，即使是萬神之王的宙斯也毫無辦法。」

　　然而，對於不能利用機會甚至不願利用機會的人來說，最好的機會又是什麼呢？

　　一位船長為我們講述了他所經歷的一件事：那天晚上，我的船與亨頓船長駕駛的「中美洲」號在海上相遇了。當時天變得越來越黑了，海風呼嘯，海浪滔天。我給那艘破舊的汽船——「中美洲」號發了個訊號，問他們需不需要幫助。「現在，情況越來越糟了。」亨頓船長向我喊道。聽了他的話，我大聲問他：「那

你需不需要把所有的乘客轉移到我的船上來呢？」他回答道：「現在還不需要，你明天早上再來幫我吧，好嗎？」我說：「好吧，我盡力而為。不過你現在先把乘客轉移到我的船上不是更好嗎？」但是他仍舊堅持說：「你還是明天早上再來幫助我吧。」此後，我曾經試圖向他靠近，但是夜太黑，浪又大，我根本無法把自己的船固定在某一個位置上。就在我離開後不到一個小時，「中美洲」號永遠地消失了，那艘破舊的汽船連同船上那些鮮活的生命永遠地沉入了大海。在海洋的深處，亨頓船長和他的船員以及大部分乘客都為自己找到了最安靜的墳墓。

也許亨頓船長和曾經與他近在咫尺卻被他忽略的機遇擦肩而過時才意識到這個機遇的價值，然而，在他面對死神的最後時刻，他那深深自責又有什麼價值呢？他的盲目樂觀與優柔寡斷使多少個鮮活的生命石沉大海！事實上，在我們的生活當中，像亨頓船長這樣的人又何止一個兩個！他們在最快樂的時刻是那樣地易受打擊，那樣的盲目，而在命運面前又是那樣懦弱無力！然而，只有在經歷過之後，他們才會幡然悔悟：機不可失，時不再來。但是，此刻已是窮途末路了。

失敗的人在做事時總是不能夠很好地把握時機，不是太早了，就是太遲了。約翰‧古迪納夫（John Goodenough）說：「這些人都有三隻分開的手，一隻左手，一隻右手，還有一隻遲到的手。」

　　兒時的他們就養成了遲到的壞習慣，做作業和交作業總是晚於別人。

　　現在，是他們承擔責任的時候了，此時，他們才後悔當初，假如生命可以重來，他們一定會好好地把握手中的機會，那麼，也許今天的他們早已成了世界聞名的傑出人物了。閒暇時，他們又回憶起從前的歲月，想起自己曾經白白浪費了多少可以賺錢的機會，或是白白放過了多少可以彌補這些損失的機會，而現在這一切已成了歷史，是永遠無法更改的。他們懂得該如何在未來改善自己的生活，完善自身，或是幫助別人，然而此時此刻，他們又與機會失之交臂了。所以，他們永遠抓不住機會，更談不上把握機會了。

　　迪恩‧阿爾福特曾經這樣說：「在我們的生命中，總有一些時刻能抵得上許多年的時間，而我們卻對此束手無策。無論從重要性還是價值方面而言，世界上沒有什麼能夠與時空相比。幾分鐘就可能發生一個小小的失誤，然而這就可能涵蓋了一個人的一生。可是，這個我們生命中的生死攸關的時刻，誰又能預料到呢？」

第二章　行動的打拚

成功青睞有準備的人

拿破崙·希爾的成功學已經告訴你，你的成功之路就在你的腳下，你成功的機會就孕育在你的日常生活與工作中，機會是處處存在的。

成功的訣竅就在於適時地發現機會，並正確地把握每一個可能的機會，或是「見縫插針」，或是「匡救一簣」，但無論怎樣，你都必須預先為此有所準備，無論是主觀的還是客觀的。只有這樣，你才能成功地抓住你的機遇。

在拿破崙·希爾看來，機會是有親和性的，它往往想和那些喜歡和它交朋友的人交朋友。只有那些有著充分的心理準備和必要的物質準備的人，才可以成為機會的成功把握者。

馬克道厄爾是阿穆耳肥料工廠的廠長，他由一個速記員而走向自己事業的顛峰的原因，便是因為他能做非他分內所應做的工作。

馬克道厄爾最初是在一個懶惰的經理手下做事，那經理經常把事情推到自己手下職員的身上。他覺得馬克道厄爾是一個可以任意驅使的人，所以經常指使馬克道厄爾為自己做事。

馬克道厄爾也總是那樣的服服帖帖，叫做什麼就做什麼。

然而，馬克道厄爾是一個非常心細的人，他在日常的生活中總是很注意觀察廠裡的各方面的情況，特別是老闆阿穆耳先

生的個人喜好。

於是，機會終於來了。

有一次，他便叫馬克道厄爾替自己編一本阿穆爾先生前往歐洲時用的密碼電報書。

於是，這位經理的懶惰，終於讓馬克道厄爾擁有了做事的機會。

一般人編電碼都是隨便編幾張紙就算了事，馬克道厄爾卻不同，他是將這些電碼編成了一本小小的書，用打字機很清楚地打出來，然後好好地用膠裝訂著。

電報密碼書做好之後，便交給了老闆阿穆耳先生。

阿穆耳先生認真地看了看電報密碼本，然後說：「這大概不是你做的。」

經理只好戰戰兢兢地回答：「是……馬克道厄爾……」阿穆耳先生立即命令：「你叫他到我這裡來。」馬克道厄爾到辦公室來了。

阿穆耳說：「年輕人，你如何把我的電報做成這樣子的呢？」

馬克道厄爾答道：「我想這樣你用起來方便些。」

幾天后，馬克道厄爾便在廠裡獨自擁有了一間辦公室。

又過了幾天，他便代替自己的頂頭上司也即那位經理的職位了。

從馬克道厄爾的成功中，你很容易看出，倘若他當初不有所準備，沒有他平日裡細心的觀察，他是不會有如此機會成功的。

著名的房地產經紀人戴約瑟的成功經歷也能夠說明這一問題。

14歲的時候，戴約瑟還僅僅是一家貨貿公司聽差的小職員，當時他認為，自己要做一個售貨員那簡直是一件不可能的事，而這卻是他極想做的。

但正因為他非常想做一個售貨員，因此他總是十分細心地觀察公司裡來來往往的顧客，他們的一切言行，尤其上下進貨供貨的流程安排，而且還不時地詢問。

於是，機會終於也降臨到了他的身上。

一天下午，從芝加哥來了一位大主顧。

這天正是7月3日，主顧必須於7月5日動身前往歐洲，但他在動身之前需要訂一批貨。這要等到第二天才能辦好，但第二天正是國慶日，當然是放假的日子。

按照一般訂貨的程序，主顧先把各色貨樣看過，接著選定他所想要的貨。售貨員再把所訂的一張一張的貨單拿出來檢查一遍。

　　於是，店家答應第二天有一個店員來為這位來之不易的大主顧辦理一切。

　　但是誰也沒料到，這位店員卻推託說他的父親非常愛國，絕不肯讓他把國慶日這樣賣掉了。這當然是一種推託之辭。他真正的原因是想看球賽。

　　後來，當戴約瑟已經是一位很著名的房地產經紀人時，他在一次和年輕行銷人員的談話中說到自己人生中第一次成功的經歷時，好像仍是那樣的回味無窮，他說：

　　「我告訴那個店員說我願意代替他做，最後我成功了。到17歲的時候，我便是一個售貨員了。」

　　從這個故事中，你很容易看出，對於一個夢想成功的人來說，見縫插針而又不打無準備之仗的關鍵性。

　　大概40年前，在底特律一個春天的傍晚，有一個青年人進入底特律的克利夫蘭輪船公司的行李房裡，向一個行李經理愛爾蘭人自告奮勇提供幫忙，以至弄得那個愛爾蘭人莫名其妙。

　　那愛爾蘭人說道：「你說你要幫助我，然而不要錢？」

　　此時那個青年已經把衣服脫下來，似乎老手的樣子，丟在箱子旁邊。

　　他笑著答說：「我是新來的導遊，我是想來看看這條航線的行李是如何處理的。」

「但是，夥計，」那個愛爾蘭人更覺得驚訝地說，「現在已過了 7 點，你休息的時候應是 5 點半鐘，而公司方面在上班外的時間是不會給你錢的，不管你把手弄得多麼髒。」

「噢！那不打緊，」那年輕人說，「現在這事是出在我自己身上的。我現在是想除了與乘客接洽之外，再學一點其他的東西，而你這裡就是一種開始學習的好地方。」

「那麼，倘若你一定要幫助我，你就來幫我吧！」那愛爾蘭人最後說，「不過我覺得恐怕你是太寂寞了。像這樣好的春天的晚上，大多數的年輕人是想出去玩玩的。」

但是他並不寂寞。

這就是他怎樣得到教育，最後使他升為底特律與克利夫蘭航業公司的總經理的原因。

然而你們必須注意，這樣做額外的工作，必須是以一種熱忱而有趣的精神去做，這樣才是有成效的。上述的那些人對於他們的工作是覺得有趣的。

倘若不是以積極的態度去做，或是專門想引起同事或上司的注意，博取他們的同情或稱讚，那麼工作就一定不會有什麼成就。

成功的人並不是希望獲得稱讚，而是由於工作本身有趣才這麼做的。

對待工作的態度比工作本身還重要些。

希望你要多做些，而且要帶著笑臉去做。

行動才有結果

你一定很清楚，世間沒有絕對完美的事，頂多也就是接近完美罷了，甚至接近完美也是很困難的。

對於你要做的事情，倘若要等一切條件都具備以後才去做，那你就只好永遠等下去了。

你必須做一個積極主動的人

在當今的世界上，每一個行業的領導人物都認為第一流的人才實在太過缺乏。

根據可靠的資料，社會上仍有許多高級職位正在等你。

有一個主管曾說，資歷很好的人實在不少，但都缺乏一個特別關鍵的成功因素，亦即貫徹的能力。

每一個工作 —— 不論是生產經營、產品推銷工作還是科學、軍事、政府機關工作 —— 都需要腳踏實地的人來執行。

一個部門的主管在聘用重要職位的人才時，都會先考慮下面這些，然後才決定是不是聘用：

他是否願意做？

他能不能堅持到底把工作做完？

他能否獨當一面，自己設法解決困難？

他是否是有始無終、光說不做的那一種人？

這些問題都有一個共同的目的，就是設法了解那個人是不是「說做就做」。

再好的新構想也不可能完美。

即使是很一般的計畫，如果認真執行並且繼續發展，都比半途而廢的好計畫要好。因為前者會貫徹始終，後者卻前功盡棄。

約翰・華納梅克（John Wanamaker）先生是個了不起的商人，他是白手起家的。他時常說：「倘若你一直在想而不去幹的話，你根本就成就不了任何事。」

請你想想看，世界上每一件東西，從人造衛星、摩天大樓到嬰兒食品，都是由一個個想法付諸行動所得的結果。

當你研究「人」（包括成功人士與平庸之輩）時，你會發現他們分別屬於兩種類型：成功的人都很積極，我們叫他「積極主動的人」而那些庸庸碌碌的平凡人都很被動，我們叫他「被動的人」。

仔細研究這兩種人的行為，能夠找出一個成功原理：

積極主動的人都是不間斷做事的人。他真的去做，直到完

成為止。

被動的人都是不做事的人,他總會找藉口拖延,直到最後他證明這件事「不應該做」、「沒有能力去做」或「已經來不及了」為止。

積極主動的人與被動的人之間的不同,從小地方就看得出來。

積極主動的人(以下簡稱 A 先生)如果計劃好一個假期,就真的會去度假;而被動的人(以下簡稱 B 先生)則相反。

A 先生認為應定期參加教堂的各種聚會,結果他真的做到了;B 先生也認為應該定期到教堂聚會,但他會找出各種辦法來拖延。

A 先生認為應該寫一封信給一個人來恭賀他的成功,他真的寫好並馬上交寄;B 先生卻找了一個好理由一直來拖延,最後一直沒有寫。

他們之間的不同也會在大事上表現出來。A 先生想要自己創業,結果他說做就做;B 先生也想創業,然而他總在最後關頭發現「不該去做」的「好」理由。A 先生已經 40 歲了,他很想換一個新工作,結果他真的去做;B 先生也一樣,但他一直猶豫個決,以至於什麼事也沒有做成,他們的不同也會在各種行為上表現出來。A 先生想做就做,所以獲得自信、安全感、獨

立自主以及更多的收入；B 先生不會想做就做，所以永遠度日如年。

主動的 A 先生會成就不少事情，被動的 B 先生很想做事但不會真的去做。

每個人都想變成「積極主動的人」，所以讓我們養成及時行動的好習慣吧。

▌不同的態度產生不同的結果

有不少被動的人平庸一輩子，是由於他們一定要等到每一件事情都百分之百的有利、萬無一失以後才去做。當然，我們應當追求完美，然而世間的事沒有一件是完美的，它們最多也就是接近完美罷了。等到所有的條件都完美以後才去做，你就只能無窮盡等下去了。

為此，拿破崙・希爾講了三個故事，相信你能受到啟發。

◆ 故事一：吉恩娶妻

吉恩快 40 歲了，他受過良好的教育，有一份穩定的會計工作，一個人住在芝加哥，他最大的心願就是早點結婚。

吉恩渴望愛情、友誼、甜蜜的家庭、可愛的孩子以及種種相關的事。他有幾次差點就要結婚了，並且有一次還有一天就結婚了。然而每一次臨近婚期時，吉恩都因不滿他的女朋友而

結束。

兩年前吉恩終於找到了夢寐以求的好女孩。她端莊大方、聰明漂亮又體貼。然而，吉恩還要證實這件事是不是完美無缺。

有一天晚上當他們討論婚姻大事時，女孩突然說了幾句坦白的話，吉恩聽了有點懊惱。

為了確定他是不是已經找到理想的對象，吉恩絞盡腦汁寫了一份長達 4 頁的婚姻合約，要女友簽字同意以後才結婚。

婚姻合約內容包括他所能想像到的每一個生活細節。其中有一部分是宗教方面的，裡面寫到了哪一個教堂，上教堂的次數、每一次捐錢的多少；另一部分與孩子有關，提到他們一共要生幾個小孩、在什麼時候生等等。

他把他們未來的朋友、他太太的職業、將來住在哪裡以及收入怎樣分配等等，都不厭其煩地率先計劃好了。在婚姻合約末尾又花了半頁的篇幅詳列了女友必須戒除或必須養成的一些習慣，比如抽菸、喝酒、化妝、娛樂等等。

女友看完這份最後通牒似的合約，勃然大怒。她不但把它退回，還附了一張便條，上面寫道：「普通的婚姻合約上有什麼？有福同享，有難同當，想必它對所有人都適用，當然對我也適用。我們從此一刀兩斷吧！」

吉恩告訴拿破崙‧希爾這段奇遇時，還委屈地說：

「你看，我只是寫一份婚姻合約而已，又有什麼錯？婚姻畢竟是終身大事，我不能不鄭重其事啊！」

吉恩真是大錯特錯。他是過分緊張，過度謹慎。

不管是婚姻，還是任何其他的一件事情，你都不能吹毛求疵，以免你所訂的每一種標準都偏高了。吉恩處理婚姻的辦法，想必和他對工作、積蓄、朋友，甚至可以說他工作或生活中的每一件事情都是毫無差別的。

成功的人物並不是在問題發生以前，先把它通通消除，而是倘若發生問題時，有勇氣克服所有困難。

我們對於一件事情的完美要求必須折中一下，這樣才不至於陷入行動以前永遠等待的泥沼中。

當然，你最好是有逢山開路、遇水架橋的那種大無畏的精神。

◆ 故事二：傑米買房

傑米是個平凡的年輕人，大約二十幾歲，有太太和孩子，收入一般。

他們全家住在一間小公寓，夫婦兩人都盼望有一套自己的新房子。他們渴望有較大的活動空間、比較乾淨的環境、小孩有地方玩，同時也增添一份產業。

買房子的確不容易，必須有錢支付分期付款的頭款才行。

有一天，當他簽發下個月的房租支票時，他突然很不耐煩，因為房租跟房子每月的分期付款差不多。

傑米對太太說：「下個禮拜我們就去買一套新房子，你看如何？」「你為何突然想到這個？」她問，「開玩笑！我們哪有這份能力！我們可能連頭款都付不起！」

但是傑米已經下定決心。

他十分堅定地說：「跟我們一樣想買一套新房子的夫婦大約有幾十萬，其中只有一半能做到，一定是什麼事情才讓有些人打消這個念頭。我們一定要想辦法買一套房子。雖然我現在還不知道怎麼湊錢，然而一定要想辦法。」

下個禮拜他們真的找到了一套倆人都喜歡的房子，房子樸素、大方、實用，頭款是 1,200 美元。現在的問題是怎樣湊夠 1,200 美元。

他知道無法從銀行借到這筆錢，因為這樣會影響到他的信用，讓他無法獲得一項關於銷售款項的抵押借款。

然而皇天不負有心人，傑米突然有了一個靈感，為何不直接找承包商談談，向他私人貸款呢？

傑米真的這麼做了。

承包商開始很冷淡，但因為傑米一再要求，他終於同意了。

　　承包商同意借款 1,200 美元，幾個月後，傑米能夠按月還錢，每月還 100 美元，利息另計。

　　現在傑米要做的是，每個月湊出 100 美元。

　　夫婦兩個竭盡所能，一個月可以省下 25 美元，還有 75 美元要另外設法籌措。

　　為此，傑米想到了自己的老闆。

　　第二天早上，他直接去找老闆，向他說起了他準備買房子的事。

　　老闆很高興傑米要買房子了。

　　接著，傑米說：「尊敬的先生，你看，為了買房子，我每個月要多賺 75 元才行。我明白，當你認為我值得加薪時一定會加，然而我現在很想多賺一點錢。公司的某些事情可能在週末做更好，你能否答應我在週末加班呢？有沒有這個可能呢？」

　　老闆對於他的誠懇和雄心非常感動，真的找出許多事情讓他在週末加班工作 10 小時。

　　傑米夫婦終於歡歡喜喜地搬進了新房子。從傑米的故事中，你很容易看出：

　　第一，正是傑米的決心使他想出了各種辦法來實現他的心願；

　　第二，正由於他有了堅強的決心，他的信心便由此倍增，下一次決定什麼大事時會更容易、更順手；

第三，他因此而提高了全家的生活水準。倘若他一直拖延下去，直到所有的條件都擁有了，他就很可能永遠也買不起房子了。

◆ **故事三：席第創業**

第二次世界大戰後不久，席第進入美國郵政局的海關工作。

他起初很喜歡他的工作，但 5 年之後，他對工作上的各種限制、固定呆板的上下班時間。微薄的薪水以及靠年資升遷的死板人事制度（這使他升遷的機會很小）日益不滿。

他突然靈機一動。他已經學到許多貿易商所應擁有的專業知識，這是他在海關工作耳濡目染的結果。

為何不早一點出來，自己做禮品玩具的生意呢？

他認識許多貿易商，他們對這一行許多細節的了解不一定比他多。

然而，自從席第想創業以來，已過了 10 年了，直到今天他仍然規規矩矩地在海關上班。

為何會這樣呢？

因為他每一次準備放手一搏時，總有一些意外事讓使他停止。

如資金不夠、經濟不景氣、新嬰兒的誕生、對海關工作的

一時留戀、貿易條款的種種限制以及許多數不勝數的理由，這些都是他一直拖拖拉拉的理由。

你很容易明白，這其實是他自己使自己成為一個「被動的人」。他想等所有的條件都十全十美後再動手。由於實際情況與理想永遠不能相符，因此他就只好一直拖下去了。

▌你必須立即行動起來

為了避免「萬事俱備以後才行動」所引起的重大損失，拿破崙・希爾的成功學讓你明白：

第一，盡可能預料生活和工作中的種種困難。每一個冒險都會帶來不少風險、困難與變化。

假如你從芝加哥開車到舊金山，一定要等到「沒有交通堵塞、汽車效能沒有任何問題、沒有惡劣天氣、沒有喝醉酒的司機、沒有任何類似意外」之後才出發，那麼你什麼時候才能夠出發呢？

顯而易見，你永遠也到不了舊金山的。

當你計劃到舊金山時，你可以先在地圖上選好行車路線，檢查一下車況並盡量考慮一下排除可能意外的辦法。這些都是出發前需要準備的事，但是即使這樣，你仍不可能完全消除一切的意外。

第二，發生困難時，要勇敢地面對現實。

　　成功的人物並不是行動前就解決一切的問題，而是遭遇困難時能夠想辦法克服。

　　無論從事工商業、還是解決婚姻問題或任何活動，一遇到麻煩就要想辦法處理，正如碰到溝壑時就跨過去那般自然。

　　我們無論如何也買不到萬無一失的保險，因此必須要下定決心去實行你的計畫。

　　第三，立即行動起來。

　　五六年前，有個很有才氣的教授想寫一本傳記，專門研究「幾十年以前一個讓人議論紛紛的人物的軼事」。

　　這個主題既有趣又少見，很吸引人。這位教授知道得不少，文筆又很生動，這份計畫注定會替他贏得很大的成就、名譽與財。

　　一年後，拿破崙・希爾碰到他時無意中提到他那本書：「A先生，你的那本書是否快要大功告成了？」

　　「老天爺，我根本就沒寫！」他猶豫了一下，不得不說道。

　　他認真考慮了一下該如何解釋才好，最後終於又說道：「我實在太沒空了，總有許多更重要的任務要完成，因此自然沒時間寫了。」

　　你自然能看明白，他這麼辯解，實際上就是要把這份計畫埋進墳墓裡。

　　他找出各種消極的想法。他已經想到寫書多麼累人，所以不想找麻煩。對於他來說，事情還沒做就已經想到不成功的理由了。

　　具體可行的創意的確很關鍵，你一定要有創造與改善任何事情的創意。

　　成功跟那些缺乏創意的人永遠無緣。

　　但是光有創意還遠遠不夠。那種能讓你獲得更多生意或簡化工作步驟的創意，只有在真正實施時才有價值。

　　每天都有幾千人把自己辛苦得來的新構想放棄，由於他們不敢執行。過了一段時間以後，這些構想又會回來折磨他們。

　　為此，你應該記住：

1. 切實執行你的創意，以便發揮它的價值，不管創意有多好，除非真正身體力行，否則永遠沒有收穫。

2. 實行時心理要平靜。

　　拿破崙‧希爾認為，天下最不幸的一句話就是：我當時真應該那麼做卻沒有那麼做。

　　你每天都能夠聽到有人說：「倘若我 1952 年就開始那筆生意，早就發財啦！」或者是「我早就料到了，我好後悔當時沒有做！」

　　一個好創意一旦胎死腹中，真的會叫人扼腕嘆息，永遠不能忘懷。倘若真的徹底施行，當然也會帶來無限的滿足。

你現在已經想到一個好創意了嗎？一旦有，就立即行動起來吧。

觀望永遠釣不上「魚」

行動本身會增強你的信心，不行動只會給你帶來遺憾。

▍克服遺憾最好的辦法就是行動

要增加遺憾的話，只需等待、拖延、推託就能夠做到了。

一位傘兵教練曾說：「跳傘本身真的很好玩，讓人難受的只是等待跳傘的一剎那。在跳傘的人各就各位時，我讓他們盡快度過這段時間。曾經不止一次，有人因幻想太多可能發生的事而暈倒。倘若不能鼓勵他跳第二次，他就會永遠也當不成傘兵了。跳傘的人拖得愈久愈害怕，就愈沒有信心。」「等待」甚至會折磨各種專家，讓他們變得神經兮兮。《時代週刊》曾經報導，美國最有名的新聞播音員愛德華‧默羅（Edward R.Murrow）先生，在面對麥克風以前總是滿頭大汗；

然而，一等開始播音以後，他所有的恐懼就都消失了。

許多老牌演員也有這種經驗，他們認為：治療舞臺恐懼症唯一的良藥就是「行動」，馬上進入角色就可以解除所有的緊張、恐怖與不安。

▌行動可以治療恐懼

有一天晚上，拿破崙·希爾去拜訪一位朋友，朋友 5 歲的兒子已經上床半小時了，卻突然放聲大哭起來。

小男孩剛才看了一部科幻片，害怕片中的綠色怪物闖進來抓他。

他父親的做法很不同一般。

他並不說「不要怕，孩子，沒有什麼好怕的，回去睡覺吧。」而是以一種積極的辦法來消除他的恐懼。

他裝模作樣表演了一陣，接著走到每一扇窗戶跟前看看關好沒有，最後又拿了一把玩具手槍放在孩子的枕邊說：「畢里啊！這把手槍能夠讓你以防萬一。」

小傢伙聽了很放心，幾分鐘就睡著了。或許，你已經注意到醫生對待病人的辦法。

醫生對於那些只給吃藥才能入睡的病人，都給一種沒有任何作用的溫和藥物服用。服藥的行為會使他們感到比較舒服，即使藥片本身根本沒有作用也無妨。

一般人應付恐懼最常用的方法就有很多讓人思量的。

拿破崙·希爾說：「我常常跟業務員在一起，他們經常怯場，就算最老練的業務員也避免不了。他們為了克服恐懼，

往往在客戶附近徘徊猶豫，要不然乾脆找個地方一杯又一杯地喝咖啡，來培養自信與勇氣，這樣根本沒有一點效果。克服這種恐懼 —— 包括任何一種恐懼 —— 好的辦法就是『立刻去做』。」

你害怕電話訪問嗎？馬上就去打電話，你的恐懼便會一掃而光。萬一你仍舊拖拖拉拉，你會愈來愈不想打了。

你是否不敢做一次全身健康檢查？只要你去，所有的疑慮都會消失。你可能什麼問題也沒有。萬一有，也可以及早發現。然而不去檢查的話，你的恐懼會越來越深，直到真正生病為止。

你是否不敢跟上司討論一個問題？馬上找他討論，這樣才會發現根本沒有那麼恐怖。

建立你的信心。用行動來讓煩惱消失。

有一個野心勃勃卻沒有作品的作家說：「我的煩惱是日子過得很快，卻總是寫不出像樣的東西。」

「你看，」他說，「寫作是一項很有創造性的工作，要有靈感才行，這樣才會提起精神去寫，才會有寫作的興趣和熱忱。

說實在的，寫作確實需要創造力。另一個寫出暢銷書的作家的成功祕訣則是這樣的：「我用『精神力量』。」他說，「我有不少東西必須按時交稿，因此不管怎樣不能等到有了靈感才去

寫，那樣根本不行。一定要想辦法推動自己的精神力量。我的
辦法一般是這樣的：我先靜下心來坐好，拿一枝鉛筆亂畫，想
到什麼就寫什麼，盡量放鬆，我的手先開始活動，用不了多
久，我還沒注意到時，便已經文思泉湧了。」

「當然有時候沒有亂畫也會突然心血來潮，」他繼續說，「但
這些只能算是紅利而已，因為大多數的好構想都是在進入正規
工作情況以後得來的。」

▍用行動引發行動

拿破崙・希爾認為，每一個行動前面都有另一個行動，這
是永恆的自然原理。

大自然沒有一件事情能夠無須行動自己完成，即使我們天
天要用的幾十種機械裝置也離不開這個原理。

你家裡的室溫是自動控制的，但是你必須先選擇（採取行
動）溫度才行。只有換了檔之後，你的汽車才能全自動變速。

這個原理同樣也適用於我們的心理，先使心理平靜安詳，
才能順利思考，發揮作用。

一家推銷機構的經理曾向拿破崙・希爾解釋，他是怎樣訓
練業務員用自動反應的方式工作，並獲得很大成就。

他說：「每一個業務員都很明白，挨家挨戶推銷時心理壓力

很大。早上進行的第一次該有其困難，就算資深業務員也有這種困擾。他知道每天多少都會遇到一點難堪，但是仍舊有機會爭取到不少生意。

「因此，早上晚一點出去推銷沒有什麼關係。他可以多喝幾杯咖啡，在客戶附近多徘徊一下或做點其他事，來拖延對客戶的第一次拜訪。」

「我用自動反應的方式訓練他們。我對他們解釋，開始推銷工作的唯一方法就是馬上開始推銷。一刻不要猶豫，不要顧東顧西，不要拖拖拉拉。」

「應該如此做：把汽車停好，拿著你的樣品箱直接走到客戶門口按門鈴，微笑地對客戶說？早安，並開始推銷。這些都必須像條件反射一樣自動進行，根本用不著多想。這樣你的工作很快就能夠開展起來。在第二次或第三次拜訪時，就能夠駕輕就熟，你的成績也會很好。」

有一位幽默大師曾說：「每天最大的困難是離開溫暖的被窩走到冰冷的房間。」

他說得很正確，當你躺在床上認為起床是件令人難過的事時，它就真的變成一件不容易的事了。即使這麼簡單的起床動作，如把棉被掀開，同時把腳伸到地上的自動反應，都可以擊退你的恐懼。

那些大有作為的人物都不會等到精神好時才去做事，而是推動自己的精神去做事的。

所以，拿破崙‧希爾的成功學告訴你兩個不錯的辦法：

第一，採取與你的自動反應相反的辦法，去完成很簡單卻很煩人的公私雜務。

不要想它令人不愉快的一面，什麼都不想就直接投入，一眨眼就完成了。

大多數的家庭主婦都不喜歡洗碗，拿破崙‧希爾的母親也一樣。

但她卻自己使用了一套辦法來處理，以便有時間做她喜歡做的事。

她離開飯桌時，就帶著空盤子，在她完全沒想到洗碗這個工作時，就已經開始洗碗了，幾分鐘就能夠洗好。這種做法不是比清洗一大堆堆了很久的盤子更好嗎？

今天就開始練習，先找一件你最不喜歡的工作，在還沒想它的討厭之前就趕快做，這是處理雜務最有效的方法。

第二，把這種方法應用到「設計新構想」、「擬定新計計畫」、「解決新問題」，以及所有需要認真推敲的工作上。

不能等你的精神來推動你去做，要推動你的精神去做。

這裡有個辦法保證你行之有效。用一枝鉛筆和白紙去計

劃。鉛筆是使你「全神貫注」最好的工具。

　　拿破崙・希爾說：「倘若要從『布置豪華、裝置完善的辦公室』跟『鉛筆與紙』任選一項來提高我的工作效率，我寧肯選擇鉛筆與紙。因為用鉛筆與紙能夠把心思牢牢貫注在一個問題上。」

　　把你的想法寫在紙上時，你的注意力會自動集中在上面。因為我們只能一心一意，何況你在紙上寫東西時，也會同時將它們寫在心裡。如果把相關的想法同時寫出來，你就可以記得更久，記得更正確，這是許多實驗已經證實的結論。

　　你一旦養成這個習慣，即使在異常吵鬧的環境中也不會受到干擾。

　　當你思考時，應該寫下來，那樣你的靈感就會立刻來了，這實在是個好辦法。

▌做事必須當機立斷

　　「現在」這個詞對成功來說可真是妙用無窮，而「明天」、「下個禮拜」、「以後」、「將來某個時候」或「有一天」，往往就是「永遠做不到」的同義語。

　　有很多好計劃卻沒有實現，只是由於應該說「我現在就去做，馬上開始」的時候，卻說「我將來有一天會開始去做」。

儲蓄的例子就是最好的證明。

人人都認為儲蓄不是件壞事。雖然它不錯，但不表示人人都會依據有目的的儲蓄計划去做。許多人都想要儲蓄，只有少數人才真正做到。

這裡是一對年輕夫婦的儲蓄經過。

比爾每個月的收入是 1,000 美元，然而每個月的開銷也要 1,000 美元，收支正好相抵。夫婦倆都很想儲蓄，但是他們經常會找些理由讓他們無法開始。他們說了好幾年：「加薪以後馬上開始存錢」、「分期付款還清以後就……」、「度過這次難關以後就……」、「下個月就要……」、「明年就要開始存錢……」

最後還是太太瓊不想再拖，她對比爾說：「你好好想想看，到底是否需要存錢？」

比爾回答：「當然要啊！然而現在省不下來呀！」

瓊這一次下定決心了。她接著說：「我們想要存錢已經想了好幾年，一直認為省不下，才一直沒有儲蓄，從現開始要認為我們可以儲蓄。我今天看到一個廣告說：如果每年存 11 美元，15 年以後就有 18,000 美元，外加 6,600 美元的利息。廣告又說：『先存錢，再花錢』比『先花錢，再存錢』容易得多。一旦你真想儲蓄，就把薪水的 10% 存起來，不可移作他用。我們說不定要靠餅乾和牛奶過到月底，只要我們真的那麼做，我們一定能夠

辦到的。」

比爾夫婦為了存錢，起先幾個月自然吃盡了苦頭，他們盡量節省，才留出這筆預算。

現在，他們認為：存錢跟花錢一樣好玩。

想不想寫信給一位朋友？倘若想，你現在就該去寫。

是否有想到一個對於生意大有幫助的計畫？如果想到了，你馬上就該去實行。

時刻記著班傑明‧富蘭克林的話：「今天可以做完的事不要拖到明天。」

這也就是俗話所說的：「今日事，今日畢。」

今日的事萬萬不要拖到明日，要知道：明日復明日，明日何其多。我生待明日，萬事成蹉跎。

倘若你一刻也不忘記「現在」，就會完成許多事情；如果常想「將來有一天」或「將來什麼時候」，那就將一事無成。

精神散漫將使你一事無成

你肯定很了解大學生如何準備功課。

例如湯姆的計畫就很好，他打算留一個晚上集中精力看點比較費腦筋的書。

　　然而他又是怎麼做的呢？

　　他準備 7 點開始看書，但是由於晚飯吃得太多，想要看電視消遣消遣。

　　他本來只想看一點點，誰料節目太精彩，只好繼續看完，這時已經過了兩個小時。9 點的時候剛想坐下看書，他卻又折回來給女朋友打個電話聊聊，又花了 40 分鐘（他還不至於整天情話綿綿）。

　　這時他又接了一個電話，花了 20 分鐘。

　　當他走到書桌旁時，忽然看到有人打乒乓球，他不禁一時手癢。於是，他又打了 1 個小時的乒乓球。

　　打完球後，他已經全身是汗，就去沖洗一番。接著，他又有點疲倦，覺得應該小睡片刻。

　　同時，因為打球和淋浴後，他又感覺到有點餓了，所以還要吃點宵夜。

　　這個原準備用功的晚上馬上就過去了，最後在半夜 1 點鐘湯姆才開啟書來。

　　但這時他已經看不下去了，只好投降，矇頭大睡。

　　第二天早上他對教授說：「我渴望你再給我一次補考的機會，我真的非常用功，為了這次考試，我昨天晚上看書看到半夜兩點多呢！」

「湯姆的做法很壞，因為他浪費的時間太多。」

像湯姆那樣患有「過度準備症」的人，不知道有多少。

我們還可以找出不少例子。如業務員、主管、工人、家庭主婦等，他們總是磨了半天以後才想做點正事。他們經常採用的準備功夫包括閒談、喝咖啡、削鉛筆、閱讀書報、處理私事、清理文具、看電視以及其他幾十種小事。

拿破崙‧希爾的成功學有一個辦法能夠使你戒掉這個毛病。

那就是：不斷地命令你自己說：「我現在很好，馬上可以動手，再拖下去就完蛋了。我應當把全部時間和精力用在正事上。」

一家機械公司的主管的體會是這樣的：「我們這一行最迫切需要的，」他說，「就是想辦法增加『能想又能做的人』。我們的生產與行銷體系中，沒有一件事是不能改進的，也就是說都可以做得更好。我可沒有說目前大家做得不好，我們確實很努力。然而像所有進步的大公司一樣，我們也很需要新產品。新市場以及新的辦事程序，這要靠積極主動又能幹的人來推動，這些人都是責任最大的人。」

主動本身就是一種特殊行動。

它是沒有人要你去做什麼，你就自動自發做好的美德。那些積極主動的人，不管在哪一行都很吃香，而且能馬上進入高

層次的行列。

有一家製藥公司的研究主任告訴拿破崙·希爾，他如何獲得這個職位。他的例子正好可以說明主動的作用有多大。

「5年前我忽然有一個想法。」他說，「當時我的職位偏重於宣傳工作，負責聯繫藥品批發商。關於客戶的數據一直很少，但這正是我們迫切需要的東西。我跟同事談起市場調查的想法時，他們嗤之以鼻，因為有關的管理人員不了解它的關鍵性。「我實在太喜歡這個構想了，因此向老闆毛遂自薦，他終於沒拒絕我的要求。我每個月都要交一份『藥品行銷事宜』報告，盡量蒐集相關的數據。後來，幾位同事也熱心起來。一年以後，公司要我放下原先的工作，讓我專心一意來發展別的構想。」「其他事情，」他繼續說，「都是你們看到的。比如我現在有兩個助理、一個祕書，我的薪水也是5年以前的3倍。」

把握生命中的每一分鐘

生活似乎一盤棋賽，坐在你對面的就是「時間」。

一旦你猶豫不決，你將被淘汰出局。倘若你繼續下去，你就有獲勝的可能。

你倘若把單獨一天所浪費的時間毫無錯誤地記錄下來，可能會令你大吃一驚，如果你想知道那些不認真和「時間」下棋的

人的命運，你可以看看下面的文字。

它說出了一個最關鍵的失敗原因的真實故事。

其中一位棋手是「時間」，另一位是「普通人先生」，我們可以稱呼他以「你」。一步一步，「時間」老人把「普通人先生」逼得無路可走，最後只好任由「時間」對他加以宰割。

你應該明白，不果斷會把一個人逼得無路可走。

世界上一些優秀領袖人物，他們最大的優點就是精明果斷。

當拿破崙決定把他的軍隊調到某一個地方後，他絕不允許任一事情來改變他的這項決定。一旦他的行進路線碰到了一道鴻溝 —— 這是敵軍所挖掘的，目的是要阻止他的前進 —— 他仍會下令他的部隊向前衝鋒，直到溝中堆滿了死人和死馬，並最終讓他的軍隊能夠從死人堆上走過去為止。

不果斷，會讓幾百萬人走向失敗。

著名傳道士比利·山載有一次說：「猶豫不決是魔鬼最喜愛的工作。」

光是幻想，是不能獲得成功的，只有下定決心並積極採取行動，才能得到你所要追求的東西。

當哥倫布開始他著名的航程的時候，他作出人類歷史上影響最深遠的一個決定。倘若不是他堅守這個決定，就沒有我們今天所知道的美洲大陸了。

　　一旦你在今天作出決定，接著明天卻又變更決定，那麼，你注定不會成功。如果你不能肯定要向哪一方向前進，最好閉上眼睛，在黑暗中前進，因為這樣子也比你睜開眼睛，但卻比毫無行動好。

　　倘若你犯了一個錯誤，這個世界將會原諒你；但如果你未作任何決定，這個世界將絕不會原諒你。

　　無論你是誰，無論是從事何種行業，你都是在和時間下棋。你都要迅速移動你自己的棋子。

　　迅速地移動棋子，「時間」將對你有利。一旦靜止不動，「時間」將會把你從棋盤上除掉。

　　你不能每一步棋都下得毫無缺陷。但是，如果你下了很多步棋，你也許可以獲得良好的成績，也許可以贏這盤棋。

　　最後，讓我們重溫拿破崙·希爾的成功學總結的幾個重點：

　　第一，做個主動的人。

　　要勇於實踐，做個真正在做事的人，不要做個不做事的人。

　　第二，不要等到萬事俱備以後才去做。

　　世上永遠沒有毫無缺陷的事。預期到將來一定有困難，但一旦發生，就立刻解決。

　　第三，創意本身不能帶來成功，除非付諸實施創意才有價值。

　　第四，用行動來克服恐懼，同時增強你的自信。

怕什麼就去做什麼，你的恐懼自然會立刻消失。你試試看就明白了。

第五，自己推動自己的精神，不要坐等精神來推動你去做事。

主動一點，自然會精神百倍。

第六，時時想到「現在」、「明天」、「下禮拜」、「將來」之類的句子跟「永遠不可能做到」意義相同，要變成「我現在就去做」那種人。

第七，立刻開始工作。

不要把時間白白浪費在無謂的準備工作上，要立刻開始行動才好。

第八，態度要主動積極，做一個改革者。

要自告奮勇去改善現狀。要自動承擔義務工作，向大家證明你有成功的能力與雄心。

現在就開始吧。

行動是達到目標的唯一手段

想必你一定知道那種畫餅充饑的無奈。

有了目標，倘若不能付諸實踐，那就無異於做白日夢。

有了清晰的目標，你也不可能完全求助於他人。因此，你自己的木材還是要你自己來砍，你自己喝的水一定要你自己來挑。同樣，你自己確定的目標也必須由你自己來付諸行動才行。

拿破崙‧希爾的成功學深刻地揭示出「化目標為成功」的現實必然性和可能性，它也同樣告訴了你所必須採取的具體步驟：

◆ 首先你應該在自己的心裡確定希望擁有的具體數字

你必須記住，你倘若只是籠統地說「我需要很多很多錢」，那是沒有用的。

你必須明確你追求的成功的具體標準，例如，賺多少錢，當多大的官，取得什麼科學成果等等。

拿破崙‧希爾曾舉過這樣一個例子：

一樣是做房地產生意，湯姆計劃向銀行貸款大約 12,000 萬美元，而約翰則向銀行貸款 11,919 萬美元。

然而，最後銀行貸款給約翰，但拒絕了湯姆的貸款請求。

在銀行主任看來，約翰的預算具體且考慮很周到，說明約翰辦事仔細認真，成功的希望較大。

由此你很容易看出，設定一個具體可行的目標有著怎樣的重要性。

你要明白堅強的決心可以為你帶來創造的奇蹟

決心獲得成功的人都明白，進步是一點一滴不斷努力的結果。

房屋是由一磚一瓦堆砌成的；足球比賽的最後勝利是由一次一次的得分累積而成的；

商店的繁榮也是依靠一個一個的顧客創造的；每個重大的成果都是一系列的小成果累積而成的。

著名的作家兼戰地記者西華‧萊德先生，曾在 1957 年 4 月號的美國《讀者文摘》上撰文，記述了他走向成功的歷程。他在文章中表示，在他的一生中，他所收到的最好忠告就是：繼續走完下一里路。

在這裡，你不妨看看他的文章。

「第二次世界大戰期間，我跟幾個人不得不從一架破損的運輸機上跳傘逃生，結果迫降在緬印交界處的樹林裡。當時我們唯一能做的就是拖著沉重的步伐往印度走，全程長達 140 英里，必須在 8 月的酷熱和季風所帶來的暴雨侵襲下，翻山越嶺長途跋涉。

「才走了 1 個小時，我一隻長統靴的鞋釘就扎了另一隻腳。傍晚時雙腳都起泡出血，像硬幣那般大小。我能一瘸一拐地走完 140 英里嗎？別人的情況也差不多，甚至更糟糕。他們能不能走呢？我們以為完蛋了，但是又不能不走。為了在晚上找個地方休息，我們別無選擇，只好硬著頭皮走完下一英里路……」

「當我推掉其他工作，開始寫一本 25 萬字的書時，心一直定不下來，我差點放棄一直引以為榮的教授尊嚴，也就是說幾乎不想幹了。

「最後我強迫自己只去想下一個段落怎麼寫，而非下一頁，當然更不是下一章。整整 6 個月的時間，除了一段一段不停地寫以外，什麼事情也沒做，結果居然寫成了。」

「幾年以前，我接了一件每天寫一個廣播劇本的差事，到目前為止一共寫了 2,000 個。如果當時簽一張只「寫作 20 個劇本」的合約，我一定會被這個龐大的數字嚇倒，甚至把它推掉的。好在我只是寫一個劇本，接著又寫一個，就這樣日積月累真的寫出這麼多了。」

從西華‧萊德的文章裡你領悟到了什麼？

你一定覺得西華‧萊德的「繼續走完下一里路」的主張對你也很有用。

按部就班做下去是唯一的實現目標的聰明做法。

大家都知道抽菸有害健康，戒菸的人也總是不斷地在戒，卻又不斷地在抽，戒菸的辦法也是嘗試了一個又一個。

實際上，最好的戒菸辦法就是一個小時又一個小時地堅持下去，以小時為時間單位持續地堅持下去。

這個辦法並不是要求他們一開始就下決心永遠不抽，只是

要他們決心不在下一個小時抽菸而已。

當這個小時結束時，只需把他的決心改在下一小時就行了，當抽菸的欲望慢慢減輕時，時間就延長到兩小時，又延長到一天，最後終於完全戒除。

那些一下子就想戒除的人一定不會成功，因為心理上的感覺承受不了。要知道，一小時的忍耐很容易，可是永遠不抽那就不容易了。

想要實現任一目標都必須按部就班做下去才行。

對於那些初級經理人員來講，不論被指派的工作多麼不重要，都應該看成是「使自己向前跨一步」的好機遇。

你的踏踏實實的任一件細小的工作都是你將來擔當更重要工作的必要的積分。

一位業務員每做成一筆交易時，他就為自己邁向更高的管理職位累積了條件。

一位教授每一次的演講、科學家每一次的實驗，都是向前跨一步、更上一層樓的好機會。

有些時候，一些人從表面看來似乎是一夜成名，然而如果你仔細看看他們過去的歷史，就知道他們的成功並不是偶然的。

實際上，他們早已投入了無數心血，打好了扎實的基礎。

那些暴起暴落的人，聲名來得快，去得也快。他們的成功

往往只是曇花一現而已。他們並沒有深厚的根基與雄厚的實力。

　　富麗堂皇的建築物都是由一塊塊獨立的石塊砌成的。單獨的一塊塊石塊本身並不美觀，然而當其按照規劃被堆砌到一起時，它們卻變得那樣的美侖美奐了。

　　成功也是這樣。

　　你應該時時都想到再做下一個事情。

　　你的下一個想法無論看來多麼不重要，你都要想法將其變成邁向最終目標的一個步驟，並且馬上去進行。

　　時時記住下面的問題：

　　「這件事對我的目標是否有幫助？」

　　倘若答案是否定的，你自己不必去做；如果是肯定的，就要加緊推進。

　　我們沒法一下子成功，只能一步步走向成功。

　　所謂優良的計畫，就是自行確定的每個月的配額或清單。

　　想想看，你該如何才能提高自己的效率。

　　你應該經常留意那些小事，去充實你承擔大事的能力條件與實力。

　　下面是一個「30 天的改善計畫」，你不妨利用它來自我評估一下。

◆ 你應該制定一個「30 天的改善計畫」

你能夠從現在開始就給自己制定一個 30 天的改善計畫。

你可以在你計劃的標題下填入你 1 個月以內必須做到的事情，一個月以後再檢查一下進度，並再次建立新的目標。

例如，你可以在你的計畫中寫上：

1. 改掉這些習慣（舉例說明）

   (1) 不按時完成各種事情。

   (2) 消極性的話語。

   (3) 每天看電視超過 60 分鐘。

   (4) 無意義的閒聊。

2. 養成這些習慣（舉例說明）。

   (1) 每天早上出門前檢查一下自己的儀表。

   (2) 每一天的工作都在前一天晚上就計劃好。

   (3) 任何場合盡量讚美別人。

3. 用這些方法來增加工作效率

   (1) 盡量發掘下屬的工作潛力。

   (2) 進一步學習公司的業務。（例如，盡量弄清公司的業務有哪些？顧客又是哪些人？）

   (3) 提出三項改善公司業務的建議。

4. 用這些方法來增加家庭的和諧

　　（1）對太太（丈夫）為你做的小事表示更大的謝意，不可像往常一樣認為理所當然。

　　（2）每週一次帶家人做些特別的活動。

　　（3）每天固定安排 1 小時和家人相處在一起。

5. 用下面的方法來培養個性

　　（1）每週花兩個小時閱讀自己本專業的雜誌。

　　（2）閱讀 1 本勵志書籍。

　　（3）結交 4 個新朋友。

　　（4）每天靜靜思考 30 分鐘。

　　也許，當你都做完了這些後，你會發現，你已經和自己的過去判若兩人了。

　　所以，看到一個處處都高人一等的風雲人物時，你應該立刻提醒自己，他那麼優雅的風度並不是天生的，那完全是由其許許多多嚴格的自我控制所形成的。

　　要知道，養成新的積極習慣，同時改掉舊的消極習慣，正是這種人的修養過程。

　　你討論「設定目標的做法」時，常常有人說：「我真的很明白一心一意追求目標的重要，然而我的雜事太多，經常『擾亂』原有的計畫，這該怎麼辦？」

　　許多沒有預料到的各種因素確實存在，並影響你的執行步驟，例如家人生病、工作撤銷，或什麼別的意外事件。

　　因此你的心態要冷靜，遇到障礙時要採取補救措施。

　　這裡不妨打一個比方，你開車遇到「此路不通」或「交通堵塞」的情況，你總不可能就停著不動吧。

　　你一定知道，道路的暫時阻塞只是表示現在無法通行，你完全可以從另一條路到達目的地。

　　對於那些指揮一場大的戰役的將軍來說，每當他們制定一個策略計劃時，他們都會同時擬出幾個備用方案，以備不時之需。

　　你也許知道，每一架航線固定的飛機都是有其備降機場的。

　　毫無曲折而成功的例子是不多的。

　　實際上，當你「迂迴前進」時，你並沒有改變自己原來的目標，只是選擇另一條道路而已，目的地是不變的。

　　規定一個固定的日期，一定要在這個日期之前把你要求的錢賺到手。

　　千萬不要忘記，沒有時間表，你的船永遠不會「泊岸」。

　　「不要拖延」早就在你的耳邊提醒你了。

　　前面，拿破崙‧希爾已經告訴了你，你自己的木材要由你自己來砍，你自己的水要由你自己來挑，你生命中明確的主要

目標要由你自己來建立。

道理已經清晰，你還有什麼理由拖延下去呢？

明確的目標是你自己創造出來的，沒有人能代替你，它也不會自己創造自己。

但是你計劃怎樣來面對你的目標呢？

你該什麼時候付諸實踐呢？

又該怎樣付諸實踐呢？

制定一個實現目標的可行計劃，馬上行動。

你要習慣「行動」，不要耽於「空想」。

相信「現在就做」的豪言已迴響在你的耳際。

在你的有生之年，當「現在就做」的提示從你的潛意識閃現到意識中的時候，你就應該馬上投入你應有的行動，這是一種能促使你成功的良好習慣。

這種良好的習慣能夠幫你迅速完成應做的但你不喜歡做的事；它能讓你在面對不愉快的責任時，不致拖延；也能幫助你做你想做的事；它有助於你抓住那些寶貴的。一經失去便永遠追不回的時機。

拿破崙‧希爾本人就在將目標變為現實這方面為你作出了很好的榜樣。1908 年，年輕的希爾在田納西州一家雜誌社工作，

同時又上大學。因為他在工作上的卓越表現，他被雜誌社派去採訪美國著名的鋼鐵大王安德魯·卡內基（Andrew Carnegie）。

卡內基非常欣賞這位積極向上、精力充沛、有闖勁、有毅力、理智與感情又平衡的年輕人。

卡內基對希爾說：「我向你挑戰，我要你花 20 年的時間，專門用在研究美國人的成功哲學上，最後得出一個答案。但除了寫介紹信為你引薦這些人，我不會對你提供任何經濟支持，你肯接受嗎？」

年輕的希爾相信自己的直覺，勇敢地接受了。

數年後，拿破崙·希爾在他的一次演講中說：「試想想：全美最富有的人要我為他工作 20 年而不給我一丁點報酬。倘若是你，你會接受這個刁鑽的建議嗎？對於很大一部分人來說，面對這樣一個『荒謬』的建議，肯定會拒絕的，可我沒有這樣做。」

事實上，卡內基對希爾的挑戰包括了非常明確的目的，那就是研究美國人的成功哲學；而且還規定了達到目的期限——20 年。

最後，在卡內基的引薦下，拿破崙·希爾遍訪了當時美國最富有的 500 多位卓越人物，並對他們成功的經歷進行了認真長期的研究。

從 1908 年發願，到 1928 年如願以償，正好是 20 年。

他的書籍震動了世界，激發了難以數計野心勃勃的人士發財致富。功成名就的理想。

7 年以後，希爾做了富蘭克林‧羅斯福（Franklin Delano Roosevelt）總統的顧問。

最後，他便將他的所有書籍綜合併加以總結，從而得出了成功學領域著名的《成功緻富全書》。

制定目標、變目標為現實，你會發現你離成功已越來越近。

立刻行動吧！

機會時刻都在你身邊

與人類發展的歷史相比，你的生命歷程短之又短，然而，在你短暫的一生中，美妙炫目的黃金時刻卻又是那麼的轉瞬即逝，稍不留意，它們就會和你失之交臂，讓你後悔不迭。

抓住機會才是金

機遇是一個美麗而性情古怪的天使，她從不肯多停留一秒，所以你稍有疏忽就會失去她，不管你如何扼腕嘆息，她卻從此杳無音訊，不再復返了。

　　在商業活動中，時機的把握完全可以判定你是不是有所建樹。

　　抓住機會與否往往決定了你的成功。

　　抓住每一個致富的機會，哪怕那種機會只有萬分之一。

　　在美國流傳得十分廣泛的一句諺語，你或許能給你一些啟示，這句諺語是這樣的：「通往失敗的路上，到處是錯失的機會。坐待幸運從前門進來的人，往往忽略了從後門進入的機會。」

　　你一定見過溪流上有很多隨波逐流的落葉。它們有的匆匆而過，很快就看不見了；有的則靠近河岸，慢慢地飄蕩著，但很快就被捲入一個一個的漩渦裡，有的則飄到靜水處，動也不動。

　　你的生命歷程恰似這溪流裡的流水和那不斷飄蕩著的落葉，有的在一個地方打轉轉，有的乘著急流往下游賓士。

　　你乘著這道流水，也許就在岸邊悠哉悠哉，好幾年才移動那麼一點點，甚至完全靜止不動。

　　落葉是沒有活動能力的，它的命運把握在風向與流水手裡。可是你不同，你有活動能力，你完全能夠自己決定自己的前途和命運，不必老待在靜止不動的靜水處。

　　你可以向流水最洶湧的中間沖擊，乘著急流，去尋找更廣闊的發展空間。

你所不可缺少的,就是用自己的力量向著急流游去。

誠然,說起來容易做起來難,急流處好像一切都是那樣的風光無限。然而,你是不是能夠游到那裡去,興許你自己就沒有一定的把握了。

面對此情此景,你或許已經有了一種前途渺茫的感覺。

然而,面對這樣的處境,你是就此回到原地還是勇往直前呢?

這個是否游的問題,是每一個人在一生中都會碰到的。對於那些有自信心的人來說,他們必將毫不猶豫地跳進水裡,並奮力向中心處游去,用實際實際行動接受考驗。

因為他們明白,只要肯冒險,一定可以學到新的經驗。

然而,對於那些懦弱的人、怕變化的人,他們則只好躲在原來的安全地方,眼巴巴地望著別人乘著急流直奔向前。

約翰·甘布士就是一個勇於冒險、善於冒險並最終乘著急流歡快地向下游去的勇敢者。

約翰·甘布士是美國但維爾地方的百貨業巨子,談起自己的冒險經歷時,他顯得毫不在乎,因為在他看來,只要抓住機會,成功將易如反掌。

他說,你「不能放棄任何一個哪怕只有萬分之一可能的機會。」

那些自以為是的人聽了這話肯定會不以為然。

他們認為，一方面，希望微小的機會，實現的可能性不大；另一方面，倘若去追求只有萬分之一的機會，倒不如買一張獎券，碰碰運氣；所以，只有傻瓜才會相信萬分之一的機會。

還是讓約翰‧甘布士的故事來證明他自己的話吧。

有一次，約翰‧甘布士要乘火車去紐約，但事先沒有買火車票。恰值聖誕前夕，到紐約去度假的人很多，所以火車票很不容易買到。

於是，甘布士夫人打電話給火車站經理，詢問是不是還能夠買到希望的車次的車票。

車站經理的答覆是：早已全部售出。

不過，車站經理又說：不怕麻煩的話，可以帶著行李到車站碰碰運氣，看是不是有人會臨時退票。

車站經理還反覆強調了一句：這種機會或許只有萬分之一。

當甘布士的夫人向他轉述完站經理的話後，他毅然決定按原計畫出行，就好像已經 1 買到了車票一樣。

夫人十分關心地問道：「親愛的，要是你到了車站買不到車票怎麼辦呢？」

甘布士不以為然地答道：「那沒有關係，我就當拿著行李去散步。」

甘布士到了車站，等了許久，退票的人還是沒有出現，乘客們都川流不息地向月臺湧去。

然而甘布士沒有像別人那樣急於往回走，而是耐心地等待著。

距離開車大概只有 5 分鐘的時候，一個婦女忽匆匆地跑到退票口要求退票，由於她的女兒病得很嚴重，她不得不改坐以後的車次。

甘布士買下那張車票，搭上了去紐約的火車。

到了紐約，他在酒店裡洗過澡，躺在床上給夫人打電話時十分輕鬆地說：「親愛的，我抓住那只有萬分之一的機會了，因為我相信一個不怕吃虧的笨蛋才是真正的聰明人。」

約翰‧甘布士在商業上的一次不平凡的成功經歷或許更能使人明白抓住機會的關鍵性。

有一段時間，但維爾地區的經濟跌入了谷底，不少工廠和商店紛紛倒閉，他們都被迫賤價拋售自己堆積如山的存貨，價錢低到 1 美金能夠買到 100 雙襪子。

當時，約翰‧甘布士還只是一家織造廠的小技師。

面對這個十分令人擔心的經濟形勢，甘布士卻好像胸有成竹。

他的做法和別人正好相反，他立即把自己全部的積蓄用來

收購這些低價貨物和一個個倒閉的工廠。

人們見到他這股邪勁，都嘲笑他是個大傻瓜！

約翰・甘布士全然不理會他人的嘲笑，繼續低價收購倒閉的工廠和拋售的貨物，並租了一個很大的貨倉為貯貨。

看到丈夫的行為，妻子忍不住勸他說：不要把這些別人廉價拋售的東西購入，因為我們的積蓄畢竟是非常有限的。如果此舉血本無歸，那麼後果將不堪設想。

對於妻子憂心忡忡的勸告，甘布士笑過後又安慰她道：「3個月以後，我們就能夠靠這些廉價貨物和工廠發大財了。」

此時誰會相信他的話呢，那些存貨廠就算賤價拋售也找不到買主了，他們開始把所在存貨用車運走燒掉，以穩定市場上的物價。

太太看到別人已經在焚燒貨物，忍不住焦急萬分，抱怨起甘布士來。

他平靜地說：「是拋售的時候了，再拖延一段時間，真的要血本無歸的。

果然，甘布士的存貨一售完，物價便跌了下來。

他的妻子對他的遠見欽佩不已。

後來，甘布士用這筆賺來的錢，開設了5家百貨商店，業務也十分發達。

　　甘布士最終經過自己不懈的艱辛努力，成為了全美舉足輕重的商業巨頭。

　　他在一封給青年人的公開信中誠懇地說道：「親愛的青年朋友們，我認為你們不應該輕視那萬分之一的機會，因為它將給你帶來意想不到的成功。有人說，這種做法不是聰明行徑，比買獎券的希望還渺茫。這種觀點是有失偏頗的，由於開獎券是由別人主持，絲毫不由你主觀努力。但這種萬分之一的機會，卻完全得靠你自己的主觀努力去爭取。」

　　當然對我們來說，必須盡力抓住萬分之一的機會，而不是要你見風就是雨，見到芝麻就認為一定能抱個大西瓜。

　　因為，實際上，要想把握這萬分之一的機會，你還必須具備一些必不可少的條件才行。

　　拿破崙‧希爾指出，你要想隨時能抓住這萬分之一的機會，你應該具備兩個基本的條件：1. 你應該具有長遠的目光。鼠目寸光是行不通的，你不能只看到樹葉，還要看到整片森林。2. 你必須鍥而不捨。沒有持之以恆的毅力和百折不撓的信心是無濟於事的。

　　一旦這些條件你都具備了，只要你付諸行動，那麼成功一定屬於你。要在商業活動中有所作為，僅靠一味地盲目蠻幹是收效甚微的。

看準時機緊抓不放，將它變成現實的財富，是成功企業家唯一的選擇。

▊ 機不可失的祕訣

無論是在你的生活，還是事業中，只要你做到在時機來臨之前有的預感，在時機來臨之後不讓它溜走，那你定會得到幸運之神的眷顧。

對於商業的是否成功而言，機會的稍縱即逝尤其如此。

如果有些人在時機失去之後才頓足扼腕，那麼他便注定只是一個十足的倒楣蛋。

而有些人卻明白時機稍縱即逝的道理，並能及時把握。所以，對於他們來說，他們的一生都好像是一帆風順，心想事成。1865 年，美國南北戰爭宣告結束。北方工業資產階級戰勝了南方種植園主，但林肯總統卻被刺身亡。

這對美國可謂是悲喜交加，為失去一位偉大的總統而悲，又為統一美國的勝利面喜。

然而，面對此種情境，後來成為美國鋼鐵大亨的卡內基卻看到了另一面。

他預測到，戰爭結束之後，經濟必然復甦，經濟建設對於鋼鐵的需求量便會越來越多。

　　於是，他毅然辭去了自己在鐵路部門的高薪的工作，合併了兩大鋼鐵公司——都市鋼鐵公司和獨眼巨人鋼鐵公司，創立了聯合鋼鐵公司。

　　同時，卡內基又讓自己的弟弟湯姆·卡內基創立了匹茲堡火車頭製造公司，並讓他控制經營蘇必略鐵礦。

　　可以說，上天賦予了卡內基一次絕好的機會。

　　不久，美國戰勝了墨西哥，占領了加利福尼亞州，併作出決定，要在那裡修建一條鐵路。

　　同時，美國政府又正在規劃修建橫貫全美東西的鐵路。

　　在當時，幾乎沒有任何事比投資鐵路更賺錢的了。美國聯邦政府和國會首先核準了聯合太平洋鐵路。

　　然後，又決定以聯合太平洋鐵路為中心線，修建另外三條橫貫大陸的鐵路線，即：

　　從蘇必利湖，橫穿明尼蘇達，經過位於加拿大國界附近的蒙大拿西南部，再橫過洛基山脈，到達俄勒崗的北太平洋鐵路；以密西西比河的北奧爾巴港為起點，橫越德克薩斯州，經墨西哥邊界城市埃爾帕索到達洛杉磯，再從這裡進入舊金山的南太平洋鐵路；由堪薩斯州溯阿肯色河，再越過科羅拉多河到達聖地牙哥的聖大菲。

　　然而，面對複雜的重建設工作，美國政府感到壓力不小，

遠非上述那樣簡單。

人們向當局提出了縱橫交錯的各種相連的鐵路建設的申請，形表色色，竟達數十條之多。

但無論如何，美洲大陸鐵路革命的時代已經來臨。

卡內基正是預見到了這一鐵路革命到來的這一大好時機。

他非常清楚，美洲大陸現在是鐵路時代、鋼鐵時代，需要建造鐵路、火車頭和鋼軌，而鋼鐵則是一本萬利的。

基於鋼鐵業的大好形勢，卡內基信心十足他決定向鋼鐵業進軍。

很快在聯合鋼鐵廠裡，就矗立起了一座 225 公尺高的熔礦爐，這是當時世界上最大的熔礦爐。

對它的建造，投資者都感到提心吊膽。然而卡內基的努力卻讓投資者的擔心成為了多餘。

他聘請了一些化學專家駐廠，以檢驗買進的礦石、石灰石和焦炭的品質，使產品、零件及原材料的檢測系統化。

當時，大部分的經營者採用的是老一輩的經營管理方式，從原料的購入到產品的賣出，都沒有條理，直到結帳時才能知道盈虧狀況，缺乏科學的管理觀念。

卡內基大力整頓經營方式，貫徹了各層次職責分明的高效率的概念，從而讓聯合鋼鐵公司的生產力水準大為提高。

　　與此同時，卡內基又購買一系列先進的鋼鐵製造方面的專利技術，其中包括當時最先進的英國道茲工程師「兄弟鋼鐵製造」技術和「焦炭洗滌還原法」。

　　他這一做法具有先見之明，不然，卡內基的鋼鐵事業就會在不久的經濟危機中成為犧牲品。1873 年，經濟危機不期而至。

　　時間銀行倒閉、證券交易所關門，各地的鐵路工程支付款突然被中斷，現場施工停止，鐵礦山及煤山相繼歇業，匹茲堡的爐火也不再燃了。

　　沒有灰心，喪氣他的預見力讓他再一次看到了巨大的商機，他斷言：「只有在經濟危機的年代，才能以低的價格買到鋼鐵廠的建材，並且薪資也相應便宜。其他鋼鐵公司相繼倒閉，向鋼鐵挑戰的東部企業家也已鳴金收兵。這正是千載難逢的好機會，絕不可以失之交臂。」

　　在人是自危的情況下，卡內基卻反常人之道，打算建築一座鋼鐵製造廠。

　　他走進股東摩根的辦公室，講出了自己的新打算：

　　「我計劃進行一個百萬元規模的投資，建貝亞默式 5 噸轉爐兩座，旋轉爐一座，再加上亞門斯式 5 噸熔爐兩座……」「那麼，工廠的生產能力會如何呢？」摩根問道。「如果 1875 年 4 月開始生產，鋼軌，年產量可達到 3 萬噸，那麼成本大約是每噸

69 美元……」「現在鋼軌的平均成本大約是每噸 110 美元，新裝置總投資額是 100 萬美元，這樣第一年的收益就等於成本……」最後，卡內基指出：「實際上，投資鋼鐵製造比股票投資營利更多。」

終於，股東們同意發行公司債券。

1875 年 8 月 6 日，卡內基收到了第一份訂單，2,000 根鋼軌。

熔爐點燃了。

每噸鋼軌的生產勞務費是 8.26 美元，原料 40.86 美元，石灰石和燃料費是 6.31 美元，專利費 1.17 美元，總成本不過才 56.6 美元。

雖然開爐時間預定時間稍為落後，且低賺的成本卻著實讓卡內基興奮不已。

再接再厲 1881 年，卡內基與焦炭大王費裡克達成協定，雙方投資組建了 F.C. 佛裡克焦炭公司，雙方各持一半股份。

同年，卡內基又以他自己的三家制鐵企業為主體，聯合許多小焦炭公司，創立了卡內基公司。

此時，卡內基兄弟的企業正在向著壟為趨勢邁進，他們的鋼鐵產量已占了全美鋼鐵總產量的 1/7。

到 1890 年，卡內基兄弟吞併了狄克仙鋼鐵公司之後，一舉將資金增到 2,500 萬美元，公司名稱也變為卡內基鋼鐵公司。不

久，又更名為 US 鋼鐵企業集團。

　　從卡內基在鋼鐵製造業上的成功經歷，你一定能明白，他的成功與他善於抓住有利時機是不可分離的。

　　不用懷疑，你一定能從他的身上大受啟發。

　　有些人也許會把他的成功歸為運氣使然，認為如果有了好運氣，自己會做得更好。但是，不論你把這種抓住機會叫做運氣也好，或是將這一切都視為命運使然亦吧，有一點卻是肯定的，那就是：當運氣來了時，你的聰明與智慧就應該很好地利用你的好運氣。

　　因為從這個意義上講，運氣實際上也就是抓住機會的同義語。

以小搏大的絕技

　　借錢還應有一個規律，每次只能借一小筆，數量不能太大。

　　這樣每當借錢時，只要對方有足夠的錢，他就會同意你，因為你得到了大家的信任。還有一點很關鍵，你每次借錢時必須主動講明歸還的日期，而且保證沒有一次延期的事情發生。為什麼要這樣呢，卡內基一句話說得好：「每次只借一小筆」。他說：「你與其一次借 30 美元，不如分三次，每次只借 10 美元。」

借小筆錢的好處，拿破崙·希爾的恩師卡內基歸結為以下幾個方面：

◆ 1. 有利於消除對方的心理障礙

因為借的錢不多，他就不會擔心你不還他，就算你忘了亦或是你賴帳不打算還他，他對這點損失也不會太看重，但卻看透了你這個人，下次只要不借給你就行了，而且他會認為你不會為了這麼一丁點錢而寧願丟人。還有，他不會擔憂你是不是有能力償還這筆錢。因此，如你借少量的錢時，即使一個不願借給你錢的人也會考慮你的要求，他也不會因一小筆錢而落下小氣的名聲。相反，你要是一次借一大筆錢，他就會有各種顧慮。這會不會影響我的生意？你能還清我嗎？還不了怎麼辦呢？你會不會賴帳？即使打算借錢給你，也會考慮自己，尤其是本來主意不很堅定的人，就會猶豫不決，最後還會拒絕你。你是這樣認為的嗎？你何不打算嘗試一下呢？

◆ 2. 有利於按期歸還

因為借錢少，償還起來就不至於太沉重、太吃力。

◆ 3. 有利於對方對你的信任

你每次都是小筆地借錢，而且還得很及時，大家會非常相信你，一旦有一次你急需一大筆錢時，人們也不會猶豫地向你

伸出援助之手，因為你的守信大大減少了人們對你的懷疑，這就是信任的價值。

這就有一件事，有一次卡內基欠交 80 美元學費。卡內基家境貧寒，這 80 美元對於他來說簡直就是「鉅款」，但這並沒有難倒卡內基。由於他平時建立了良好的信譽基礎，大家對他都特別信任，絲毫沒有半點猶豫，他輕易就籌到了這筆錢。

卡內基還聰明地把借錢的原則融進了後來他談戀愛的約會當中。

1944 年，卡內基與姚樂絲女士正處於熱戀之中。某一天下午，他們相約於紐約河畔。晚上七點，事情臨時有變動，卡內基應邀去紐約大學作演說。然而這時姚樂絲女士仍舊在卡內基的辦公室裡處理她的事，此時姚樂絲女士是卡內基的得力助手。

過去，卡內基每次約會總會準時或提前一段時間去赴約，這點姚樂絲是十分相信的，毫不懷疑。但就在姚樂絲準備好離創辦公室時，電話鈴響了。

「親愛的。」原來是卡內基。

「噢，親愛的戴爾。」姚樂絲高興地說。

「非常抱歉，我必須告訴你，因為臨時有變，我不得不去紐約大學作演說，那樣我只能推遲半小時才能見到你了。」卡內基以滿含歉意的口吻對姚樂絲說道。

「哦，原來如此。」姚樂絲悻悻地說。

「我非常抱歉。」

「沒關係的，戴爾，過會兒見！」

姚樂絲在河畔急切地盼望著卡內基的到來。這時，西邊的晚霞已漸漸退去了。她看了看手錶，差 10 分鐘卡內基才能來呢，她漫步在河畔。

忽然一陣急切的腳步聲由遠而近。

姚樂絲回頭一看，驚喜地笑了：「戴爾……」

原來卡內基提前 10 分鐘就到了，這又是他的一個小小的花招，打電話時，他預計好了可能推遲 20 分鐘，他於是故意說也許推遲半小時，這樣看起來他似乎反而提前了 10 分鐘似的。

姚樂絲獲得了一份意外的驚喜。她非常興奮，那些等候的不快都消散了，只有興奮圍繞著她。他們緊緊地擁抱在了一起。姚樂絲熱烈地吻住卡內基，似乎遲到的是她自己而給了卡內基一個獎賞。這就是卡內基的高明之處。

當然「因小得大」不僅好人會用，有時騙子也會用這種方法來騙人的錢財。

像那種對小筆錢如期歸還的人，總是會得到人們的讚賞和信任。有些騙子就利用這種手段來騙財，他們也是向人借一小筆錢，人們大都會同意，他們就毫無困難地借到了，過不了多

久騙子就會如期歸還。接著又一次借小筆的款，以同樣的方式按期奉還。用不了幾次，人們就會一點都不懷疑他，放棄了對他的警惕。最後，騙子就會露出本色，利用人們對他的信任心理，向人借一大筆錢，最後消失得無影無蹤。

卡內基還舉了另外一個例子，有一個人一文不值，他全靠借錢度日，令人吃驚的是他活得還特別瀟灑，在社會上混得也挺不錯，他是這樣借錢的。如他向甲借了一筆錢，答應一個月以後歸還。等到期之前，又向乙另借一筆錢，再提前三天把錢還給甲，接著又向丙借，以此類推……他既有了錢，又有了信譽，才活得這樣微灑。

卡內基還親眼見過一件事，那次是他去某地旅遊，有售票處，有一位很體面的男士大方地走到他的面前，平靜而坦然地對他說：

「先生，我差五元錢購票，請你幫我一個忙好嗎？」

「噢，當然。」卡內基隨手拿了一張面值 5 元的鈔票給了他。

「非常感謝！」那位紳士滿臉笑意地謝過卡內基。

又過了一會，卡內基又發現了他，他正在向一位中年婦女要錢：「您好，太太，我差 5 元購票，您能幫我這個忙嗎？」

「不必客氣。」那位太太痛快地給了他一張鈔票。

卡內基這才看清楚是怎麼一回事。這可算得上一種高級乞

討了。乞討者裝扮成一個有身分的人，似乎是暫時差點錢。像這樣情況下，一般人只要有錢，就會同意借給他，而且沒有半點猶豫。

據此計算，只要有 10 個人「幫助」他，那麼他每天的收入就有 50 美元，但是這又何止只有 10 個人呢？可真所謂妙計。

卡內基用一句妙語概括：「這是一個『成功』運用『因小得大』戰術的好例子。」

賺錢是成功者應有的能力

賺錢者應具有的能力

賺錢者除了要擁有書中所提到的成功定律外，具體操作時，應記住下面幾點：

◆ 1. 懶惰使人畏縮

假如一個人繼承一大筆財富時，他往往會變得不再勤勞、不思進取。

有一件這樣的事：

玫克林夫人生了一位男孩兒，這男孩兒將繼承上億美元的鉅額財富。因此小男孩自生下來就完全被無數的僕人保護起來。當把他推出去呼吸新鮮空氣時，四周擠滿了護士、助理護

士、偵探及各種僕人，他們的唯一任務就是保護這個孩子避免
受傷害。他自小就習慣被人們保護習慣了，自己從來沒有做過
任何事，現在已有十歲了。但是有一天，當他在院子玩耍時，
發現院後門沒有完全關上。從小到大，他從來沒有單獨地走出
那個後門。因此，自然而然地，好奇心使他在未被僕人看到的
一瞬間衝出後門，向街上跑去，令人遺憾的是還未衝到馬路中
央，就被一輛車給撞死了。

他已用慣了僕人們的眼睛，根本不會使用自己的眼睛。如
果他從小學會使用自己的眼睛，又怎麼會發生這樣的事呢。

還有一件事就是拿破崙‧希爾曾擔任一位大富翁的祕書。
富翁將自己的兒子送到外地去學習，拿破崙‧希爾定時的工作
之一就是每月給他兩個兒子各開一張一百美元的支票。這些錢
完全由自己支配，純屬零用錢。最後，他們都帶著自己的文憑
回家了，而且不止文憑，還有鍛鍊好的酒量。顯而易見，沒絲
毫動盪的生活使他們有機會好好安慰自己的胃。

但不幸的是好景不長，富豪突然破產，他們的大房子不得
不公開拍賣出售，而兄弟倆一個由於精神錯亂而死，另一個住
進了精神病院中。

當然，這只是個例外，並不是所有的富家子弟都像上面的
兄弟倆一樣，然而畢竟是有這樣一些例項：懶惰會使人畏縮，

使人喪失自信心和進取心。

　　拿破崙‧希爾認為，好多人功成名就、創造出偉大的成就的原因，很關鍵的因素就是因為他曾被迫為了生存而苦苦奮鬥，從而培養他們的進取心。然而許多父母卻不知道怎樣培養孩子的進取心，認為「我們自己年輕時吃苦受累，將來一定要讓孩子們生活得舒舒服服」，真是可憐天下父母心呀，只講求生活上讓孩子過得舒服，往往會害了孩子們，對他們沒有半點好處。在這個世界上，恐怕被迫勞動是件最不幸的事了。但被迫工作或是強迫自己作最好的表現，往往能培養人的節儉、自制、堅強的意志力和知足常樂等好多好多的美德，這些都是懶惰的人永遠不會得到的。

◆ 2. 吃小虧與占大便宜

　　從事工作的時候，倘若你只做分內的事，人們不會對你有任何深的印象，只有當你主動地去做一些超出你報酬價值的事時，你周圍的人才會因你的努力對你產生好評，這對你以後的發展很有益，這個好的人際關係將會給你帶來更好的報酬。

　　卡洛‧尼斯起初是汽車製造商杜蘭特（Durant）的助手，後來經過他的努力，他成為了杜蘭特手下一家汽車經銷公司的總管，他說了他晉升的過程：

　　「我剛去給杜蘭特先生工作時，我就注意到，當人們都下班

後，只有杜蘭特先生在室內待到很晚。所以，我決定留下來，儘管沒有人要我這樣做，但我認為我應該留下來，我可以隨時給他提供他所需要的所有幫助。因為他經常需要一個人替他把某種公文拿來，或者為他提供什麼關鍵的服務，為此他很快發現了我，那時只有我在等待，只有我能隨時給他拿他需要的什麼東西，提供所有服務。以至於後來就養成了習慣，一有什麼事就直接招呼我。這就是整個事情的經過。」

卡洛・尼斯的這種吃苦耐勞、不計報酬的精神不僅鍛鍊了自己的工作能力，而且贏得了老闆的好評和信任，為將來做工作打下了很好的基礎，最後老闆提升他，這些都是不計報酬所得到的酬勞，是意外的收穫。

拿破崙・希爾也有一次相似的經歷，某年一所學院邀請他去講學作報告，他受到了空前的熱烈歡迎，而且還碰到許多著名的人士，從那些人身上學習到很多有用的東西。他覺得此行十分有意義，因而拒絕了學校給他的 100 美元報酬，並對此深表謝意，令學院很欣慰。

第二天一早，院長深有感觸地對他的學生們說：「我來我們學校已有 20 年了，我曾經邀請過幾十位著名人士來給我們作報告，但是從沒有人謝絕我們所提供的報酬，而拿破崙・希爾是一個例外，他對我們的邀請表示深深地感謝，因為他從別人身上學到了有用的東西，比報酬更珍貴。這位先生是一位全國性

雜誌的總編輯，因此希望你們都多讀他的雜誌，因為他身上的這種美德及優秀的品格是你們將來所必不可少的，你們能夠從他身上學到書本上學不到的東西。」

不久，許多學生都訂閱了希爾所編的雜誌，而拿破崙·希爾卻從中收到了 6,000 多美元的訂閱費。而且還遠遠超過這些，在接著的兩年當中，這所學院的學生和他們的朋友一共訂閱了 5 萬美元的雜誌。

拿破崙·希爾不禁要問，不管以何種方式投資 100 美元，誰又能獲得這樣巨大的利潤呢？恐怕想都不敢想。

俗話說：吃小虧占大便宜。

一家百貨公司，倘若能熱情接受顧客由於某種原因而退的貨物，那麼這將大大促進他們改進工作，而且最重要的是獲得廣大顧客的信任，他們會帶來更多的購物者，這難道不是吃了點小虧而占大便宜了嗎？

◆ 3. 做一個個性豪爽、態度樂觀的人

先生 A 是個樂觀的商人，不論生意是否順利、洽談是否成功，臉上總是帶有笑意，走起路來也是昂首闊步、精神抖擻，朋友們都喜歡和他一塊工作、一塊玩，所以「不怨天、不尤人」是他的個性特徵。

先生 B 則是個與 A 完全不同的人，整天愁眉苦臉，對顧客

也無精打采，遇到困難時也只會怨天尤人，更沒有積極進取的精神。同事們也深受他的影響，工作沒有半點熱情，所以業績平平，人際間的關係也很緊張。

A、B 二位先生處世態度不同，性格迥異，他們處理事務的方式也相異，因為 A 先生的熱情好動，積極向上，員工們也深受感染，積極與 A 配合進行新構思，新創意，B 公司則完全相反，全公司上下都沒有敢拚的闖勁，因此 B 公司的發展我們可想而知。

會賺錢、能賺錢的人一定都是像 A 這種積極向上的人，所以朋友們不妨多多使自己快樂，能夠談笑風生，抬起你的頭，挺直你的胸，把你的快樂帶給你周圍的人。

建議朋友們找朋友也要找樂天派，他們身上的向上的熱情也會帶動你，你也可以做一個積極向上、敢打敢拚的強者。

◆ 4. 對人生充滿信心，有強烈的追求

電視上經常會出現這樣的鏡頭：一位妙齡女郎勾著一位上了點年紀然而精神很好的男士。那位男士一般是位功成名就的人，他的身上，有用不完的精神，一定像年輕人一樣精力旺盛、體力充沛，因此當人們看到這樣一老一少相扶攜，仍會感到一幅很美麗的畫面，沒有半點的不協調，有些時候他們的精力都令年輕人自嘆不如。

　　要想事業有成，這個人只有有充沛的精力，才能從事高度緊張而有序的工作，才會有所成就。俗語說得好：身體是革命的本錢，只有健康的身體才是工作的必備條件，一旦沒有健康的身體，又如何談工作，如何談未來的事業？身體不好，你就會對自己失去信心，對未來沒有把握。

　　歲月不等人，隨著年齡的增長，保養好身體很關鍵，但更關鍵的是保持一顆年輕的心，如果一個人整天鬱鬱寡歡、無精打采、沒有自信心、沒有遠大的目標，那麼他的身體也會隨著心的衰老而衰老。因此我們要保養好自己的身體，永保一顆年輕的心，讓自己的容貌年齡和心理年齡，都比自己的實際年齡小得多，那麼我們就會有無窮的魅力。人們都會喜歡和我們打交道，我們的美會給周圍的人帶來無限的享受，我們將會吸引大批的人，尤其是異性的關注。

　　享受生活吧，保護好自己，別太勞心。

◆ 5. 錢財同水一樣，往低處流

　　謙虛與賺錢關係非常密切，越謙虛的人，越能賺到錢。

　　和氣生財，這句話一點不假，與人處世，客客氣氣，這對生意人來說尤其關鍵，與人客氣與己方便。作為生意人，對客人要以低姿態，客客氣氣的，這是生意人的生財之道。

　　美國石油大王洛克斐勒（Rockefeller）曾經說過：「在我的

石油事業越來越好的時候，那時每天晚上在睡覺之前，我總會拍拍自己的額頭提醒自己說：現在的這點成功，算不了什麼，以後的路長著呢，要多加小心，一失足成千古恨，只要一步走錯，一切努力就會白費。千萬不要自滿自足，被眼前的這點成績攪昏自己的頭腦。」這話是洛克斐勒提醒自己的話，也能夠作為勸說別人要謙虛的格言，特別是當人們稍稍有點成就時更應當特別的小心，不要有一丁點的驕傲情緒。

人們大都如此，往往找出那些非常謙虛的人的優點，雖然他們不懂表白，但人們的眼光是亮的。而對於那些自以為作出了點成就自以為是、傲視一切、誰都看不起的人，人們總是會更看不起他，就像從雞蛋裡挑骨頭一樣挑他的缺點，然後全力攻擊。

洛克斐勒對此很明白，他引以為戒，時刻提醒自己，從中受益匪淺，他時時警惕自己，那種由於有所成就引起的興奮情緒，也會稍稍平息下去。

樂極生悲，興奮過度就會出錯，無論做什麼事，我們都要把握好度，就連打麻將也是一樣，好不容易和了一個大牌，人們往往就會由興奮而心慌，接下來由於情緒不穩定而輸掉整盤，這是絕好的教訓，我們幹任何事都要適度即可。

我們都知道人往高處走，水往低處流，水愈到下流，水域

流過的地面就會越大，那裡的土地就會更肥沃。其實金錢也是一樣。那些謙虛、對人和和氣氣採取低姿態的人，賺錢就相對容易一些，金錢會像流水一樣流向他，只有真正的有肚量的人才是真君子；相反，那些沒有內涵的勢利眼小人，滿腹機關，只會盲目自大，做事是不會有好結果的。

賺大錢的人，往往是有涵養，很謙虛的真君子。你要想賺大錢，你必須要謙虛，只有這樣，金錢才會像水一樣流向隨時準備好的你。

◆ 6. 不會有獨占之心

拿破崙‧希爾曾經把一位十分有水準的好朋友推薦給一家公司。這位朋友簡直就是位賺錢的機器，非常有能力，是他人所不能比的。一旦這位公司的董事長不忽略他，他對公司的作用肯定會非常大，對公司的發展一定會有很大的幫助。

他很快得到董事長的重用，他替公司設計的商品，很受大眾的歡迎，替公司賺了一大筆錢，可是董事長卻不懂得利用人才，沒有出一點紅利給他，仍只給他固定的月薪。這位朋友很快就被另一家公司高薪挖走。這位董事長因失去了一個好的賺錢機器自然而然地就失掉了很好的賺錢機會。

我們只能為這個董事長感到惋惜。他是位典型的具有強烈獨占觀念的人。或許他沒有意識到這樣很糟糕，或者就算意識

到了，也被原始的利益之心所迷惑而原諒自己。他雖然有不錯的工作能力，也有豐富的工作經驗，只是因為他的貪財、獨占欲望影響了他的事業的發展，這就是圖小便宜吃大虧。

有好多人也是這樣，在他們沒有賺到錢的時候，他們也總是說：等我賺了錢，我一定不會忘了他們，我會好好報答他們。「等我有了錢，其中百分之幾是大家的，大家一起共享。」話說起來挺容易，也很好聽，可是一旦錢賺到手了，想法就會改變，稍有些好心的，也總是拿出很少的一小部分來報答大家，這樣的人，是不可能有好結果的，最終將導致眾叛親離。因為他把錢看作上帝，金錢至上。

這就像與男女之間的性生活一樣，男方只考慮自己的感受，只圖自己的快樂滿足，而不顧女伴是不是也一樣快樂。這樣的男女生活肯定很短暫，用不了多久必走上分離的道路，這跟做生意沒多大區別。

◆ 7. 崇尚節儉，反對浪費

越富有的人，越不會鋪張浪費、揮金如土。只有錢不多的人才喜歡打腫臉充胖子，甚至是死要面子活受罪來擺闊。

比如旅行吧，你可以觀察一下，當一個大富翁攜全家外出旅行時，一身輕便的牛仔裝、便鞋就足夠了，他們並不感到這樣顯得很寒酸、掉價。而只有那些又不怎麼富裕的人，每次外

出都穿金戴銀，唯恐人們以為他們很窮。這倒正好給了那些扒手們機會，成為他們關注的對象。

　　人們往往有一種心態：越窮的人越看重自己的身分，認為使用低價商品會有辱身分，而有錢的人卻很隨意，不在乎外表怎麼樣，也不在乎他人對自己的看法。這簡直是人類的一種悲哀。

▌不要用金錢衡量成功的商人

　　保羅‧蓋蒂（Paul Getty）是美國第一富豪，他曾經說過：「我從來不以我所擁有的錢的多少來衡量我成功不成功，而拿我的工作和我所創造的財富所能提供的就業職位的多少和生產出來的物品來作為衡量的標準。」

　　人活著不能只看有多少財產。一個人要想真正地富有，他擁有多少財產沒關係，要看他是不是依照自己的價值而活著，如果他不按照自己的價值活著，這些價值對他沒有任何意義，那麼再有數不清的錢，他的生活也沒意義，肯定是一片空白。

　　世上有很多的人，他們活著就是要聽從於別人，做別人要他做的事，不論那是否是他們想要做的。他們落入了俗套，沒有了自己的個性，做事就想模仿他人。我的夢想是當一名作家，然而父親卻不這樣認為，他堅持讓我學法律，儘管我成為

一名律師，生活很富裕，然而很沒意義，我無法使自己平靜下來……」

「我不想幹我的事業，我想找個地方買一大片牧場，過我自己喜歡的生活，但太太拒絕我那麼做，她認為這樣就會失去一大筆可觀的收入，或名譽掃地……」

「我很討厭住在郊外，我很想能在城裡邊買座公寓，可這好像辦不到，我的同事們都住在這郊外……」

以上種種的抱怨，我們聽得實在太多了，似乎無處不在，隨時都會聽到。這是一種個人想法無法滿足的無奈的抱怨，看起來與我們無關，但它從一定程度上反映出這個社會的一種疾病。

想要出人頭地和受到他人的尊敬是人的一種基本的欲望，這是一種上進的表現。在一定程度，它是一種興奮劑，激起人們奮發向上，積極進取。也正是因為好些人的這種向上的欲望，使得他們對人類歷史的發展作出巨大貢獻，推動人類文明的進步。但是，越來越多的人發現，今天的這種出人頭地的欲望越來越多地走出錯誤的軌道，向著不健康的方向發展而且走得越來越遠。

什麼是地位？我們很容易回答，它是對人們對社會作出不平凡貢獻的嘉獎。地位不容易憑空而來，人們只有不斷地努力

才能得到，也可以說地位是一個對大眾有貢獻的人的獎勵，地位跟成就的價值成正比。但是，這些年來，人們自然而然地把金錢看作成功的象徵，以為有了金錢就相當於有了社會地位。而且有了社會地位，這便是最終的價值目標，它成了很多人奮鬥的目標，也成了衡量他人生價值的唯一的標準。

現代好些人都確信，擁有了大量的財富，就能夠購買那些貴重的東西，有了這些就有了不可動搖的地位。然後他們把這些錢和東西都聚積起來，以為這是他們的才能、成就和地位的不可磨滅的證據。在他們認識中有個錯誤的理論，以為只要他們賺的錢比別人多，東西比別人多他們就得到了夢寐以求的地位和別人的尊敬，而且把這個謬論當作真理。他們除了對銀行存款上有幾位數字和買這個東西花多少錢感興趣外，對任何其他都不感興趣。

第三章　行動的潛力

啟用自己的潛力

身心疲憊的時候，你最好的選擇就是去浴室淋浴，當你以水淋身的時候不光消除了你身體上的疲勞，與此同時，你也能夠和自己的心靈做一次很好的交流，滌去你精神上的消極情緒，並真實地描繪你優秀的一面。淋浴能夠洗去你表面汙垢的同時，也能夠使你的心靈獲得清新之感，體驗到你渴求精神上的勝利，迴向你內心中的自我形象。你要時刻警惕失敗的入侵，因為你的人生目標是成功。

在地球上，你並不是孤立存在的，在你的周圍有許多與你一樣過著同樣平凡生活的人，所以你生活在人數眾多的地球上，要時刻強化你的自我意識，但不要過分強化，否則就成高傲自負了。

在生活的每一天，你在精神上都有一個高潮期，這就是你工作的最佳時刻，所以你必須在有限的精神高潮期集中所有的體力和精力，發揮你的潛能，開拓你的事業。

你要時刻檢察自己的思想和行為，不要讓你的精力做無謂的耗損。無論何時，你都不要讓你的思想捲入恐慌的漩渦，而是讓你的思緒天馬行空、自由自在。而且，你要清楚地知道，快樂永遠屬於你，成功的權利永遠屬於你，戰勝一切的決心和勇氣永遠屬於你。你和上帝沒有什麼區別，你並不孤獨，且是世間舉足輕重的人。

　　你在開始工作之前，首先要決定你是想竭盡全力積極創造一個美好快樂的生活？還是想承受失敗的痛苦躲進洞穴深處？當然，在你奔向成功的殿堂時，會在成功的大道上不可避免地遇到各種困難、各種障礙。這些都無所謂，因為人的一生就是積極進取的一生、勇於創造的一生、艱苦奮鬥的一生，所以，你開始工作的時刻就是一個重要的時刻、關鍵的時刻、且決定勇敢的你自信成功的時刻，所以，在你進入工作狀態之前，你要對你的外表雕飾一下，洗臉、梳頭、修面或塗唇膏，選一件陽光外衣，穿一條合身的長褲和鞋子，然後攬鏡自照一番，端正你的自我形象。同時，你對自己必須有一種健全的好感，否則，失敗會找上門來。

　　清晨，當你的意識甦醒的時候，你就要立即投入你的工作了，你今天計劃完成一些什麼事情？你想達到什麼樣的效果？把這些瑣碎的事彙總後，在心中擬成一張表，但是制定這些計劃的前提是你必須有興趣、有能力實現這些目標。如果你的目標在別人眼中不切實際，但是隻要你覺得這些目標對你有意義，那麼別人的觀點你可以不予理睬。你在向你的目標出發時一定要充滿熱忱、充滿熱情，讓你生活中的每一天都充滿陽光、都過得更有意義。

　　在世界歷史上，絕大多數的英雄人物都未能充分利用自身的潛力，這也算是他們一生中的遺憾了，究其原因就在於英雄

無用武之地，所以他們的潛能沒有完全發揮出來。

擁有足夠的自信是你成功的基石。我曾經介紹過發明家愛迪生和美國第三位總統傑佛遜（Jefferson）的事蹟，他們都因擁有足夠的自信而成為成功的典範。

傑佛遜對自己的才華和工作能力充滿了自信，因此他的成就非常偉大。在他擔任總統期間，他為美國做出了傑出的貢獻，人們不會忘記他所起草的獨立宣言，這已是聞名世界的事了。

傑佛遜在政治方面所做的成就也多得數不勝數。在美國歷史上，像傑佛遜一樣做出如此眾多如此出色成就的政治家寥寥無幾。說他名垂千古，一點都不過分。

實際上，他在其他方面也做出了傑出的成就。他是個出色的父親，撫養著兩個女兒；他創辦了美國維吉尼亞大學；他曾任美國哲學會會長；他曾支持過美國第一個科學考察隊；他在建築學上也有很高的造詣，曾經為自己和朋友設計過房屋，是個出色的建築家。

如果你想創造美好幸福的生活，那麼就必須將消極思想趕出你的心靈，就必須勇敢面對自己的缺點和錯誤以及那些消極的思想，並且盡快加以糾正。

在未來的日子裡充分利用真正屬於你的時間和才能，盡快進入創造的自由空間，讓你的未來充滿熱情和希望。

　　你不要因別人的成功而失落，只要你能夠充分地利用真正屬於你的時間和才能，你就是被羨慕的人。

　　人生難免遭遇困難苦痛，但凡是有意義、有價值的生活都應倍加珍惜。

　　如果你能正確地面對自己，糾正自身缺點和錯誤，發揮你的優點和才能，與你自己一同奔向人生的成功目標，那麼你的生活將更加快樂和幸福，你的人生將更有意義和價值。這並不是你的幻想，是完全可以實現的。

　　堅定意志，振作精神，做好一切準備，現在就開始行動吧！

走出環境的牽絆

　　前面的例子都是關於人們為了發財致富而充分把握機會獲得成功的，但是在我們生活的社會裡，還有新一代人，如工程師、藝術家、詩人、學者、作家、電工等等，他們尋找機會去做一些比單純地聚積財富更為高尚的事情。財富僅僅是一個機會而已，它並不是一個人一生的終極目標；獲得財富只是人生所有事業中的一小部分而已，它並不代表一個人事業的巔峰目標。

　　貴格派教徒伊麗莎白‧弗雷夫人認為，關注並關心英格蘭女子監獄的狀況是自己的「機會」。在 1813 年前的英國，倫敦紐

蓋特監獄還經常會有三四百名衣衫襤褸、幾近半裸的女囚們在同一個牢房裡等待判決。牢房裡既沒有床，更沒有床上用品，一些老年婦女、年輕女子，甚至年紀尚小的女囚們都睡在牢房的地板上，上面只鋪著一些骯髒破爛的碎布片。她們的生存狀況沒有人去關心，連當局也很少顧及她們的死活，她們甚至得不到能夠果腹的食物和水。

在紐蓋特監獄，弗雷夫人的造訪讓這群鬼哭狼嚎般吵鬧不休的人心中又燃起了生活的希望。她告訴眾人，她希望能為這些年輕的以及年齡尚小的女孩們建一所學校，讓她們學習科學文化知識和專業技能，並要求她們自己推舉一名女校長。聽了弗雷夫人的一番話，這群人太驚訝了，等她們恢復意識後，她們興奮地歡呼雀躍，並推舉一名因盜竊一塊手錶而被投入監獄的女囚做她們的校長。3 個月後，這群經常被人們稱為「瘋狂的野獸」的女囚們在監獄的教育下已重現了往昔的本分與溫和。

這項關於監獄的改革很快在英國的各所監獄推廣開來，最終，政府也開始重視這項改革，並進行了相應的立法。實際上，在英國還有許多女士像弗雷夫人那樣熱衷於這項事業，她們主動而積極地為女囚們提供衣物，並承擔起了教育女囚的責任。這項事業至今已有 80 年的歷史了，現在，整個文明社會已經完全接納了弗雷夫人的計畫與設想，並在不斷進行改進和發展。

調整不良情緒

「萎靡不振」是世人普遍的缺點，也是最難治癒的，它能使很多優秀的人陷於絕望的境地。

一個人如果萎靡不振、悲觀沮喪沒有生氣，那麼他的行動必然遲緩，而且事業上也會七零八落，到處一片狼藉。萎靡不振的人總是一副軟弱無力的樣子，似乎三分鐘熱風都能將他吹走，整個人神情倦怠，呆頭呆腦。

一些剛剛步入社會的年輕人，朝氣蓬勃、活力四射，有堅定信念和遠大的志向，但是他們要注意交友時一定要避開那些意志不堅、精神頹廢的人，因為一旦染上了這種人的不良習氣，即使日後得到了糾正，也會對事業和前途產生重大影響。

無論對事業的成功，還是對人格的培養，做事猶豫不決，不能當機立斷都具有極大的危害。遇事思前顧後、左思右想、拿不定主意的人經常會遭受失敗的打擊。他們因此懷疑自己的能力，懷疑自己的才學，所以最優秀的品格、最優良的技能也可能在這種不良習氣的影響下退化了。

精神萎靡、做事拖延的人往往不能集中精力立即決斷手頭的事情。他們總是言語不暢、做事懈怠，沒有主見，懷疑自己做事的能力，不能放開手腳成就事業。而那些行事幹練、言語俐落、神采奕奕、活力四射的人從不思前想後，看準的事，

說幹就幹，從不拖泥帶水。也只有這樣的人才敢堅持自己的立場，遇到困難勇於挑戰。自己認為正確的事，就要全力以赴去做，這樣才能收穫成功。

《小領袖》這本書大家一定讀過，書中的主角就是一個做事猶豫不決的人。在很小的時候，他就下決心要砍掉附近一棵擋路的樹，但是直到他鬚如白雪，那株樹也依然茂盛地生長在路中央，這時，他才決定去找一把斧子去砍樹。還有一個藝術家，他早就想畫一幅聖母瑪麗亞的肖像，他整日在頭腦中構思聖母瑪麗亞的形態、姿勢和配什麼樣顏色的衣服，一會兒覺得這樣好，一會兒又覺得那樣也不錯，直到他步入天堂也沒有讓聖母瑪麗亞的肖像問世。現在他又去天堂構思了，也許會在天堂的畫廊裡看到這幅久違了的聖對母瑪麗亞肖像。

一個人做什麼事都要有恆心、有毅力、有不怕吃苦的精神，只有堅持不懈地努力追求，才能獲得成功。

遇事猶豫不決、萎靡不振的人往往會讓人反感，人們對他沒有好印象，自然也就不會信任他，幫助他解決實際困難。只有意志堅定、精力充沛、有魄力、有膽識、誠實肯幹的人才能在人們心中樹立起強人形象，人們才肯給他發展事業的空間和奔向成功的機會。

無論做什麼事，我們都要集中全部精力認真對待，哪怕是

寫信打雜等微不足道的小事也是一樣。同樣，我們心中如果有了完整的計畫，那麼就要在第一時間將它付諸行動。否則養成了做事拖延的壞習慣，一定會影響計劃的成功，使自己的一生深受其害。

為什麼別人容易成功，而自己卻沒有成就呢？這是一些生活平庸的人常常問自己的問題，他們不知道失敗都源於自身。工作上不努力，不能集中心智和體力去開拓事業，整日無精打采、萎靡不振，沒有遠大的理想和追求成功的決心，遇到挫折就退縮，這些來自於自身的主觀原因是影響他們事業成功的最大障礙，所以不要光看到別人的成就，要知道輝煌的成就都是努力奮鬥的結果，自己主觀不努力是不能夠獲得成功的。

如果一個人意志堅定、勤奮好學、做事果斷、機智勇敢、精力充沛、誠實守信、品格高尚、博學多才、信心十足，那麼他所從事的事業一定能夠步入成功的軌道。如果一個人整日精神萎靡、做事猶猶豫豫、態度隨隨便便，即使他才思過人、品格高尚、為人誠懇，也難逃失敗的命運。

在城市的角隅和街頭巷尾，生活著一個失敗者的群體，他們四處流浪，居無定所，食不果腹，他們漂泊在世界的各個角落卻不思進取，安於漂泊的生活，他們在生存的競賽場上輸給了那些才思敏捷有魄力、有決心的成功者，失去了賴以謀生的手段，只能以乞討為生。他們並不是天生的失敗者，他們或許

曾經有快樂的童年、安逸的生活、穩定的工作，但是依賴他人生活是靠不住的，只有自己主觀努力，堅定意志，發揮自己的聰明才幹，才能夠在自下而上的競賽場獲得一席之地。如今，他們再也提不起精神去奮鬥了，再也沒有勇氣開創新的生活了，只能像無根之草一樣，隨遇而安了。

純真爛漫、朝氣蓬勃的青年人最易感染沒有明確目標和主觀見解的可怕疾病，這種疾病很難治癒，常常使他們的事業變得雜亂不堪，使他們的生活每況愈下，但是他們從來不想從這種可怕疾病的陰影中走出來，而是安於平庸、無聊、乏味的生活，任這種疾病在他們的身上滋生蔓延。造成這種病灶發病的主要原因就在於他們沒有遠大的目標和正確的思想支配他們的頭腦和行為，使他們養成了自暴自棄的不良習慣。從此，計劃、目標、希望杳無蹤跡，他們根本無法從失敗的陰影中走出來。

你能很容易地給一個剛剛走出校門、步入社會的熱血青年指出一條正確道路，但是你卻很難改變一個精神萎靡、意志消沉、屢次失敗者的命運。那些安於平庸的失敗者們之所以安於平庸，就是因為他們認為自己已經不再有力量、不再有希望了，所以他們活在世間如行屍走肉一般，根本無法振作精神，重新做人了。

許多人自身的缺點太多，懦弱而無能，所以他們無論做什

麼事都半途而廢，雖然一生沒有犯過什麼大錯，但是他們自身不求上進、意志不堅、做事不能當機立斷、沒有持久忍耐力的缺點卻注定了他們失敗的命運。這些可憐的人如果能夠徹底反省，改正自身的缺點，堅定信念朝著成功的目標持之以恆努力奮鬥，那麼成功將在不遠處向他們招手。

十九世紀歐洲著名金融家南森·羅特希爾德（Nathaniel Charles Rothschild）在講到他自己和4個兄弟時說：「在法蘭克福，當時我們的空間還很小，我們經營的是英國貨。但是，有一位做大買賣的商人到了那裡，他的確是一個很不起的人物，沒過多久，那裡的市場就被他完全占領了。如果他給我們供貨，那將對我們非常有利。但是，有一次我在不經意間惹惱了他，於是，他拒絕讓我看他的貨樣。我還記得那天是星期二，我告訴父親我要去英國採購貨物。我星期四就動身出發了。一路之上，我發現離英國越近的地方貨物的價格越便宜。當我一到達曼徹斯特時，我就將身上所有的錢都定了貨，而且價格十分便宜。最終我從中獲得了豐厚的利潤。」

「我希望，你的孩子們感興趣的不只是做生意和賺錢，生活中還有其他更重要東西值得他們去體會，不要對它們視而不見。我想，這也不是你希望看到的。」一個聽他講述這件事的人說。

而羅特希爾德說：「我倒希望這樣，希望他們不光能吃苦，

還要有出眾的才能，全心全意地將所有的精力集中到做生意上，這是得到幸福的唯一途徑。」

他又對一位年輕的釀酒師說：「年輕人，要堅持做一件事情。你是一名釀酒師，那麼你就堅持釀你的酒，總有一天你會成為倫敦最偉大的釀酒師。但是，如果你既要釀酒，又要當製造商，當銀行家，還要做貿易，那麼你最終將平凡過一生。」

當今這個時代要求我們不要博而泛，要精而專。在這個社會分工越來越細，專門領域越來越精的時代，如果一個人不能把精力很好地集中起來，那麼他注定會一事無成。

完善經驗的不足

「行事正當」能使你的計畫獲得滿足，因而建立自信。「行事乖謬」會導致兩種消極的結果：

第一，罪感會腐蝕我們的信心。

第二，別人遲早會發現而不再信任我們。

先行動起來，在行動中去檢驗去完善。

許多人做事都有一種習慣，非等算計到「萬無一失」，才開始行動。其實，這還是「惰性」在作祟，周密計劃只不過是一個不想行動的藉口。首先，生活中、工作中的目標，並非都是「生死攸關」，即使貿然行動，也不會有什麼大不了的事發生；其

次，目標是對未來的設計，肯定有許多把握不準的因素，目標是否真的適合自己，其可行性如何，也只有行動才是最好的檢驗。「行動是檢驗真理的唯一標準」、「穿上鞋子才知道哪裡夾腳」都能證明這一論點。還是先行動起來，沒有行動，心態不可能積極，目標不可能清晰。

行動確實可以治療恐懼。史華茲博士提到以下這個例子：

曾有一位 40 歲出頭的經理人員苦惱地來見我。他負責一個大規模的零售部門。

他很苦惱地解釋：「我怕會失去工作了。我有預感我離開這家公司的日子不遠了。」

「為什麼呢？」

「因為統計數據對我不利。我這個部門的銷售業績比去年降低了 7%，這實在很糟糕，特別是全公司的總銷售額增加了 6%。而最近我也做了許多錯誤的決策，商品部經理好幾次把我叫去，責備我跟不上公司的進展。」

「我從未有過這樣的光景。」他繼續說，「我已經喪失了掌握局面的能力，我的助理也感覺出來了。其他的主管覺察到我正在走下坡，好像一個快淹死的人，這一群旁觀者站在一邊等著看我一點一點沒頂。」

這位經理不停地陳述種種困局。最後我打斷他的話問道：

「你採取了什麼措施？你有沒有努力去改善呢？」

「我猜我是無能為力了，但是我仍希望會有轉機。」

我反問「只是希望就夠了嗎？」我停了一下，沒等他回答就接著問：「為什麼不採取行動來支持你的希望呢？」

「請繼續說下去。」他說。

「有兩種行動似乎可行。第一，今天下午就想辦法將那些銷售數字提高。這是必須採取的措施。你的營業額下降一定有原因，把原因找出來。你可能需要來一次廉價大清倉，好買進一些新穎的貨色，或者重新布置櫃檯的陳列，你的銷售員可能也需要更多的熱忱。我並不能準確指出提高營業額的方法，但是總會有方法的。最好能私下與你的商品部經理商談。他也許正打算把你開除，但假如你告訴他你的構想，並徵求他的忠告，他一定會給你一些時間去進行。只要他們知道你能找出解決之道，他們是不會做划不來的事換掉你的。」

我繼續說：「還要使你的助理打起精神，你自己也不能再像個快淹死的人，要讓你四周的人都知道你還活得好好的。」

這時他的眼神又露出勇氣。

然後他問道：「你剛才說有兩項行動，第二項是什麼呢？」

「第二項行動是為了保險起見，去留意更好的工作機會。我並不認為在你採取肯定的改善行動，提升銷售額後，工作還會

不保。但是騎驢找馬，比失業了再找工作容易 10 倍。」

沒過多久這位一度遭受挫折的經理打電話給我。

「我們上次談過以後，我就努力去改變。最重要的步驟就是改變我的銷售員。我以前都是一週開一次會，現在是每天早上開一次，我真的使他們又充滿了幹勁，大概是看我有心改革，他們也願意更努力。」

「成果當然也出現了。我們上週的營業額比去年高很多，而且比所有其他部門的平均業績也好很多。」

「喔，順便提一下，」他繼續說，「還有個好訊息，我們談過以後，我就得到兩個工作機會。當然我很高興，但我都回絕了，因為這裡的一切又變得十分美好。」

「行動具有激勵的作用，行動是對付惰性的良方。」

你也根本不必先變成一個「更好」的人或者徹底改變自己的生活態度，然後再追求自己嚮往的生活。只有行動才能使人「更好」。因此最聰明的做法就是向前，進而去實現自己所嚮往的目標，想做什麼就去做，然後再考慮完善目標。只要行動起來，生活就會走上正軌而創造奇蹟，哪怕你的生活態度暫時是「不利的」。

正如英國文學家、歷史學家狄斯累利（Disraeli）所言：

「行動不一定就帶來快樂，但沒有行動則肯定沒有快樂。」

　　人的一生中，有著種種計劃，若我們能夠將一切憧憬都抓住，將一切計劃都執行，事業生涯上的成就，不知會怎樣的宏大；我們的生命，不知將怎樣的偉大！

　　我們總是有憧憬而不去抓住，有計畫而不去執行，坐視各種憧憬、計劃幻滅消逝！

　　希臘神話告訴我們，智慧女神雅典娜，突然從宙斯的頭腦中披甲執戈一躍而出。

　　人們的最大創意、憧憬，像雅典娜一樣，往往是在某一瞬間突然從頭腦中很完備、很有力地躍出來的。

　　凡是應該做的事，拖延著不立刻做，想留待將來再做，有著這種不良習慣的人總是弱者。

　　凡是有力量、有能耐的人，總是那些能夠在一件事情意味新鮮及充滿熱忱的時候，就立刻迎頭去做的人。

　　每天有每天的事。今天的事是新鮮的，與昨日的事不同，明天也自有明天的事。今天之事應該就在今天做完，千萬不要拖延到明天！拖延的習慣有礙於人做事。

　　過度鄭重與缺乏自信是做事的大忌。在興趣熱誠濃厚的時候做一件事，與在興趣熱誠消失了以後做一件事，其間的難易、苦樂真不知相差多少！

　　在興趣熱誠濃厚時，做事是一種喜悅；興趣熱誠消失時，

做事是一種痛苦。

擱著今天的事不做而想留等明天做，就在這個拖延中所耗去的時間、精力，實際上能夠將那件事做好。

做以前積疊下來的事，我們覺得多麼的不愉快而討厭！

在當初可以很愉快容易地做好的事，拖延了數日數星期之後，就會顯得討厭與困難了。

接到信件，應該立刻回覆，最為容易；因此有的機關、公司中訂下規則，不準任何來函隔夜不覆。

命運無常良緣難！在我們的一生中，每有良機、佳遇的到來；但總是一瞬即逝。我們當時不把它抓住，以後就永遠失掉了。

有計畫而不去執行，使之煙消雲散，這對於我們的品格力量產生非常不良的影響。

有計畫而努力執行，這就能增強我們的品格力量。有計畫不算稀奇，能執行訂下的計畫才算可貴。

一個生動而強烈的意象、觀念闖入一位作家的腦海，生出一種不可阻遏的衝動 —— 要想提起筆來，將那美麗生動的意象、觀念移向白紙。

但那時他或許有些不方便，所以不立刻就寫。那個意象不斷地在他腦海中活躍、催促，然而他還是拖延。後來那意象便

逐漸的模糊、黯淡了，終於整個消失！

一個神奇美妙的印象突然閃電一般的襲入一位藝術家的心胸，但是他不想立刻提起畫筆將那不朽的印象繪在畫布上。這個印象占領了他全部的心靈，然而他總是不跑進畫室埋首揮毫。最後這幅神奇的圖畫，會漸漸地從他的心版上淡去了。

塞萬提斯（Cervantes）說：「取道於『等一會』之街，人將走入『永不之室』。」

此話說得太對了。

為什麼這些印象、衝動是那樣的來去無蹤？其來時，是那樣的強烈而生動；其去時，是那樣的迅速而飄忽？

就是因為這些印象之來，原是要我們在當初新鮮靈活時，立刻就去利用它們的。

習慣之中足以誤人的無過於拖延的習慣，世間有許多人都是為此種習慣所累而至陷入悲境。拖延的習慣，最能損害及減低人們做事的能力。

你應該極力避免拖延的習慣，像避免一種罪惡的引誘一樣。

假使對於某一件事，你發覺自己有著拖延的傾向，你應該直跳起來，不管那事怎樣的困難，立刻動手去做不要畏難、不要偷安；這樣久而久之，你自能撲滅那拖延的傾向。

應該將「拖延」當作你最可怕的敵人；因為他要竊去你的時

間。品格、能力、財富與自由,而使你成為他的奴隸。

要醫治拖延的習慣,其唯一方法,就是事務當前,立刻動手去做。多拖延一分,就足以使那事難做一分。

「要做立刻去做!」這是百萬富翁的格言。凡是將這句格言作為座右銘的青年,永不會有悲慘的結局。

以前日軍侵占馬尼拉時,菲律賓海軍的一名文職僱員被捕了。他被關進一個旅館,兩天后又被送往一個集中營,他叫哈蒙。

就在到達集中營的第一天,哈蒙看見一個難友的枕頭底下有一本書。他向難友借了這本書。這本書叫做《人人都能成功》。

在哈蒙閱讀本書之前,他的情緒很糟。他恐懼地望著在那個集中營裡可能遭受的折磨,甚至死亡。

但是,當他讀了這本書時,他就為希望所鼓舞了。他渴望擁有這本書,讓它同自己一起去迎接前面那些可怕的日子。

哈蒙在與難友討論《人人都能成功》中的問題時,認識到這本書是他自己一筆巨大財富。

「讓我抄這本書吧!」他說。

「當然可以。你開始抄吧!」這是回答。

哈蒙立即開始抄書。一字又一字,一頁又一頁,一章又一章,他緊張地抄著。

　　他時刻感到有可能隨時失去這本書的苦惱；這本書會在任何時候被拿走，但這種苦惱激勵他日夜工作。

　　真是幸運，哈蒙在抄完這本書的最後一頁後不久，他就被轉移到臭名昭著的聖多‧託到斯城集中營。

　　哈蒙之所以能及時完成抄書工作，乃是因為他能及時開始這項工作。

　　哈蒙在三年零一個月的囚犯生活中隨時都帶著這本書，把它讀了又讀。這本書給他豐富的精神食糧；鼓舞他產生勇氣，制定未來計畫，保持和增進心理和生理上的健康。

　　聖多‧托馬斯監獄的囚徒在生理和心理上永遠受了傷害——恐懼現在，他恐懼未來。「但是，我在離開聖多‧托馬斯時覺得好多了。在那兒我更好地為生活作了準備，心理上也更活躍些。」

　　哈蒙告訴我們。

　　在他的談話中，你可感受到他的主要思想：

　　「成功必須不斷地實踐，否則它會長上翅膀，遠走高飛。」

　　獲得卓越創意仍然不夠，因為獲得創意只占整個解決問題過程的 1/10，其餘 9/10 則是對創意的善後工作，立即對創意進行加工。

　　創意只有與行動結合，才會走向成功。

疏忽將鑄成大錯

「萬事皆因小事起」這是智慧的所羅門國王說過的名言。故事「摩德納的水桶」就是這句名言最具代表性的例證。1005 年，摩德納聯邦的幾個士兵帶著這隻著名的水桶跑到了波羅尼亞國下屬的一個共和國裡去了。這其實是一件芝麻大的小事，但卻成了一場戰爭的導火線，這場戰爭歷時竟達十幾年。

由多國參與的克里米亞戰爭也是因一件小事引發。在耶路撒冷聖墓中擺放著一個神龕，當時土耳其宣稱其屬於本國基督教會所有，並擅自將神龕裝在盒子裡鎖了起來。不料土耳其的這一行為激怒了希臘君民，他們要求土耳其交出盒子的鑰匙，但土耳其拒絕交出。於是，雙方展開了爭奪戰。後來，拉丁教會的代表法國和希臘的保護國俄國也參與了進來，問題越來越複雜化，俄國指令土耳其對希臘的教會給予補償，但上耳其拒絕執行。由於英國有史以來就是土耳其的護衛者，所以沒有理由不加入到土耳其一方，與其共同反擊法國和俄國。這樣，因一把鑰匙引發的紛爭愈演愈烈，最後，造成了巨大的人員傷亡和財產損失。

幾杯酒竟顛覆了一個強盛的王朝，改寫了法國的歷史。當時法國王位繼承人奧爾良公爵擁有很高的威望，一日，他去朋友那參加宴會，酒桌上奧爾良大公興致高漲，加之朋友們的力

勸，多喝了幾杯。宴會結束後，他叫來一輛馬車準備離去。可是，就在他踏上馬車的一剎那，馬匹突然有些受驚，猛抬起前蹄將他大頭朝下摔翻在人行道上，昏死過去。如果不是那幾杯酒，他也許會急時抓住馬車上的欄杆不被摔出去，或者，即使被摔出去，也不至昏迷過去，還有醒過來的可能。但是，他再也沒有醒來。就是這幾杯酒使他丟掉了王位繼承人的頭銜，使他的家人流放異鄉，家族的鉅額財產也全部被充公。

　　大約在半個世前的一個清晨，一個信使給一家鄉村客棧的老闆娘送來了一封信，老闆娘接過信仔細看了看，又原封不動地把信還給了信使，說自己拿不出昂貴的兩先令郵費，這時候，客棧裡的一位客人剛好走過來，聽到老闆娘的話，堅持要替她交付郵費，但被老闆娘拒絕。等信使走遠後，老闆娘將實情告訴了這位客人。原來，那封信裡根本沒什麼內容，是老闆娘和她的弟弟早就約定好的，寫信的時候只要在信封上做一些特殊的記號，他們就會彼此明白對方近況很好，這樣既省去了昂貴的郵費，又可以免遭擔心之苦。這位客人聽完事情的原委，即刻做出了一項重要決定 —— 改革郵政制度，降低郵費。其實這位客人就是當時著名的國會議員羅蘭德‧希爾（Rowland Hill）。一件小事，使成千上萬的英國貧民免受相思之苦，其力量真的不容忽視！

　　提起參軍，格蘭特將軍總是意味深長地說要感謝他的母親，

感謝母親讓他去借奶油這件小事，他說，要不是那天母親要他到鄰居家去借奶油，他就不會在路上得知西點軍校正在招生的資訊，就不會半路去申請到西點軍校的名額，也就沒有機會接受正規的軍事教育，更不會有在國家的危機中大展才能的機遇，當然，他今天擁有的一切，以及總統的寶座就更無從談起了。

世界上很多重大發現都源一件小事，比如赫庫蘭尼姆古城遺址是一個礦工在挖井時偶然發現的；馬德拉群島現於一次錯誤的航海冒險事件。

還有很多發生在人類身上的始料不及的小事。芝加哥的一個 10 歲男孩在削蘋果皮的時候不小心劃破了手指，結果沒過幾天竟死於破傷風；在洛杉磯，一個人從床上跳下來，剛好踩在一顆釘子上，穿透了他的腳心，10 天後，這個人因醫治無效早早離世了。

人類至今難以攻克的疾病之一就是血液中毒，但感染病毒的途徑看起來卻與之大相逕庭。一個人疊紙時被銳利的紙邊緣劃傷後，毒素就從這個小小的傷口乘虛而入，使這個人很快就停止了呼吸；一個愛乾淨的人，有一次剪指甲時不小心剪掉了指甲裡面的嫩肉，一個星期之後他就含冤死去了。

一位先生迎著風趕去上班，由於時間比較緊，他沒在意掉進眼睛裡的一小粒灰塵，幾天后，當他感覺到不舒服去看醫生時，才知道已經來不及了，他的整個半邊臉都腫了，毒素發

作，3 天之後他就死了。有一個法國人，再過幾天就年滿 50 歲了，他額前有一縷白頭髮很顯眼，這讓他還不滿 30 歲的未婚妻覺得很難看。於是，為了取悅未婚妻，法國男人拔掉了這縷白髮。但是，他注意到被拔掉頭髮的那塊頭皮有些紅腫發炎，似乎還有擴散的跡象。於是，他去醫院向一位皮膚科大夫詢問，得到的答案令他非常恐慌，他被告知生命垂危，後來儘管他嘗試了很多方法，也未能挽回生命。英國王妃愛麗斯為了滿足身染白喉病的兒子最後一個願望，深情地親了他一下，不想，就是這最後的一個吻使自己也丟掉了性命。

忘記在字母「t」上加一橫，或者因大意沒有在字母「i」上加一個點，都有可能讓你因此而損失萬貫家財或錯失發財良機。

匈牙利奈米斯村莊的 130 間房屋毀於一個玩火柴的小男孩之手，全村的男女老少不了不上街乞討以度眼前危機。

「小錯誤的可怕之處在於它不會總是停留在原有程度上，小錯誤往往會帶來大災難。」

列車長的手錶若因某種原因走慢了兩分鐘，那麼兩輛滿載乘客的快速列車就有可能猛烈地撞在一起，這麼細微的一點疏忽，卻可能會製造出震驚全世界的慘聞，有多少幸福的家庭要受失去親人的痛苦，有多少孩子會失去父親或者母親，又有多少快樂的人從此鬱鬱寡歡。

實現自我完善

一個人做自己要做的事應該有這樣的態度：要麼不做，要做就做最好。

對成功的期盼來自四個字 —— 「盡力做好」，這就是渴望取得成功這一心理的根源所在，你也許已經無數次地聽到或使用過這四個字。騎車郊遊，或到公園悠閒漫步，這又有什麼不對的呢？在你生活中，為什麼不能僅僅去做一些事情，而並不一定非得「盡力做好」呢？「盡力做好」這種失誤心理會使你既不能嘗試新的活動，也不能欣賞目前正在從事的活動。

有一位名叫盧安的高中生，18歲。她滿腦子都是想要成功的概念。她是個標準的優等生，踏進校門以來就一直如此。她每天花大量時間拚命讀書、做作業，因而沒有時間度過自己想過的生活。她簡直就是一架儲存書本知識的電腦。盧安非常羞於和男孩子接觸，長到這麼大還從未與男孩子牽過手，更別說約會了。她養成了一種神經性抽搐的習慣，每當與人談及她的性格時，她的面部就會抽搐。盧安一心想做一個成功的學生，並因此忽略了人生的全面發展。

後來，她找到了一位諮商專家，專家問她，在她生活中什麼更重要一些，「是你的知識，還是你的感覺？」 —— 她自己也搞不清楚。儘管她是個出類拔萃的優等生，但她的內心卻並

不安寧，而且非常不快樂。在幾次向諮商專家求助以後，她開始重視自己的情感，她用學習課程的頑強精神來學習新的思維方法。一年之後，盧安終於發生了很大的可喜變化：她在大學一年級的英語考試中有生以來頭一次得了個 3 分，她的媽媽非常擔心。於是又找到了諮商專家，而專家欣喜地告訴她媽媽，這是件大好事，正說明她女兒在其他方面開始有所用心，說明她開始全面發展；當媽媽的應該好好為她慶賀一番。

不追求完美，溫斯頓・邱吉爾（Winston Churchill）曾講過一句著名的話：「唯盡善盡美者為上。」

這句話表明，總想取得成功的心理會使你陷入一種惰性之中。

是的，事情追求完美，都要拚命做好，這表面上看確是一種好事，但它卻會使你自己陷入一種生活的癱瘓。在日常生活中，你確實可以找到一些自己真正想做的事情，想拚命地去做好。但大多數情況下，盡力做好、或僅僅是好好地做這種心理本身便是阻礙你做事的障礙。不要讓盡善盡美主義妨礙你參加愉快的活動，而僅僅成為一個旁觀者。你可以試著將「盡力做好」改成「努力去做」。

從某種程度上講，盡善盡美主義意味著惰性。我們經常聽到有的人在說，我要麼不做，要麼就做得最好。但試想一下，

如果你做都不做，怎麼做得最好？如果你總是在為自己制定一些盡善盡美的標準，那麼你便不會去嘗試任何事情，也不會有多大作為，因為盡善盡美這一概念並不適用於我們每一個普通之人，我們每個人都不可能做到事事盡善盡美。因此，如果你已經身為人之父母，就不應要求自己的孩子於在任何方面都去努力做得最好，因為這種要求會使小孩子產生精神癱瘓和怨恨情緒。相反，你可以和孩子們談談他們似乎最喜歡的那些事情，並可鼓勵他們把這些努力（而不是「做得最好」）做好。至於其他活動，「做」比「做得最好」更為重要。

你可以教孩子嘗試許多事情，但不一定要求他們做得最好。例如，你可以教小孩子排球，而不是讓他們站在一旁說「我不會」，當然，你並不一定想讓孩子奪得排球冠軍。只要孩子喜歡，就應鼓勵他們去滑雪、唱歌、畫畫。跳舞等等，而不應僅僅同為他們可能做不好某件事就不讓他們去做。要培養孩子的競爭意識，但不要讓他們永無止境地去競爭、爭強好勝，試圖將每件事都做得最好。相反，你應該在孩子們所喜歡和重視的那些方面多多培養他們的自尊、自豪與興趣。

與成人相比，兒童更容易受到外界的影響，他們往往將自我價值與其成敗等同起來。因此，他們會避開那些自己不會做或做得不好的活動。更為危險的是，他們可能會養成一種自卑、尋求讚許、內疚等心理，這些都是由於自我摒棄心理而生

的所有個性失誤。

許多人總是將自己的價值與事業成敗等同起來，但很少有人會感到自己確實很有價值，就拿最偉大的發明家托馬斯‧愛迪生來說，如果他以某項工作的成敗來衡量其自我價值，那麼他在第一次試驗失敗之後就會認輸，就會宣布自己是個失敗的發明者，並停止自己那些被他人視為瘋者所想的發明計畫。然而，他沒有認輸。俗話說，失敗是成功之母，失敗可以激勵人們去努力、去探索。如果我們從失敗中找到了通往成功之路的方向，或者從失敗的經歷中獲得了某些經驗教訓，這也是一種成功。

無數事實已經表明，沒有失敗，我們就什麼也學不到；然而，現實生活中，人們往往只去讚賞成功，而批評失敗，我們已經學會將成功視為唯一可以接受的衡量標準，我們往往避免進行可能會失敗的活動。因此，懼怕未知的一個主要原因是害怕失敗。人們往往不做沒有成功把握的任何事情。這樣，害怕失敗意味著既懼怕未知，也懼怕由於沒有「盡力做好」引起的別人對你的不利看法。

如果你的腦海中存有失敗的思想，我將要對你提出這樣的忠告，趕緊把它驅逐掉，因為失敗的想法勢必招致失敗！

現在不妨讓我講述某些人的成功故事，以印證這個哲理，

同是讓我們參考他們曾運用過的技術和方法。如果你能以慎重的態度去思考、研究這些案例，同時讓自己的想法如同這些人般積極，那麼你將能克服那些看來勢必導致失敗的困難。

首先，我希望你不要成為下例中的「一言居士」。

在某公司，有一位綽號為「一言居士」的人，每逢公司作出決議的時候，這位一言居士必然高談闊論，以那些似是而非的論點持反對意見，這就是他的壞習慣，也是他之所以獲得「一言居士」綽號的由來。但是有一回，在偶然的經歷中，他卻受到相當深切的教誨，並使得他一改以往的心態和作風。事情發生的經過是這樣的：

有一次，公司方面面臨一項重要的經營決策問題。這個問題關係到一項極其成功的希望，但卻需要花費相當大的資金，且風險性高得近乎孤注一擲的買賣。公司的經營者為此傷透腦筋、舉棋不定。在討論此決議時，一言居士依然以他一貫的作風，擺出學者的姿態開口說道：「暫且少安毋躁，讓我們先來，考慮其中可能遭遇的困難吧！」

此時，有一位素來沉默寡言，卻以出眾的才能、業績，及不屈不撓的個性深受同事們歡迎及尊敬的人，以斷然的口吻開口說話了。

「你為何總強調障礙。困難？並以它來代替成功的可能性

呢？」他如此問道。

「因為……」一言居士回答，「凡事都應該做最壞的打算，並應考慮現實的問題。而在這項計劃中存有若干障礙的確是事實；請問你要以如何的態度面對這些障礙呢？」

那人毫不猶豫地回答說：「你是說，要以何種態度去應對這些難題嗎？不用說，當然是要把它們徹底加以去除，並讓它們從現實中消失。」

一言居士反駁道：「這件事恐怕是知易行難！不像你說的那麼輕鬆簡單！你剛才說要將它們消除，忘掉，是不是你有什麼特別的方法？我想，除了你之外，我們是沒有這種能耐的。」那人從容不迫地接著回答這個問題，臉上還不時浮現出微笑。

「我可以這樣告訴你 —— 我從來沒有看過以充分的信念和勇氣努力去克服障礙，而尚有克服不了的。如果你真的想知道該如何做才能辦到，我現在就可以展示給你看……」他這麼表示。

然後，他從口袋中取出皮夾，在透明夾層中，夾有一張上頭寫著字的卡片。他把皮夾推向位於另一端的桌緣，並對一言居士說道：「請你讀一讀它吧！那就是我的方法，是我從生活中的親身體驗所得。」

一言居士拿出皮夾，以疑惑而好奇的神情默讀著。

「請大聲地讀出來吧，」那人說道。

一言居士以半信半疑的聲音慢慢讀出如下：

「虔誠的信仰給了我無比的力量，凡事都能做。」

那個人把皮夾收回，放入口袋中，同時表示，「我經歷了很長的時間，也遭遇過相當多的困難，那句話的的確確具有實際上的力量。運用了它，任何障礙都能消除。」他帶著肯定的口吻說道。

在場的每一個人都明白了他的意思，而他的積極態度，以及他那勇於克服困難而備受矚目的事實，使得大家對他所說的話深信不疑。

於是再也沒有人說消極的話了。後來，這句話也在他們身上發生了作用。他們將這句話納入心中，並付諸實行。儘管現實中存有無數的困難和危險，但是他們依然成功地完成了預期的目標。

大體而言，這人所使用的方法乃是依據「不要懼怕障礙」這項真理。因此，面對障礙時所要做的第一件事便是，站起來反抗它！不要因它而抱怨，更不要被它所壓制。一旦你直接面對困難，克服障礙，你將發現，原來它不過只有你一半的力量而已！

突破思維常規

成大事者常常能突破人們的思維常規，反常用計，在「奇」字上下功夫，拿出出奇的經營招數，贏得出奇的效果。

亨利‧蘭德平日非常喜歡為女兒拍照，而每一次女兒都想立刻看到父親為她拍攝的照片。於是有一次他就告訴女兒，照片必須全部拍完，等底片捲回，從照相機裡拿下來後，再送到暗房用特殊的藥品顯影。而且，底片完成之後，還要照射強光使之映在別的相紙上面，同時必須再經過藥品處理，一張照片才告完成，他向女兒做說明的同時，內心卻問自己說：「等等，難道沒有可能製造出「同時顯影？的照相機嗎？」對攝影稍有常識的人，聽了他的想法後都異口同聲地說：「哪兒會有可能。」並列舉一打以上的理由說：「簡直是一個異想天開的夢。」但他卻沒有因受此批評而退縮，於是他告訴女兒的話就成為一種契機。最後，他終於不畏艱難地完成了「拍立得相機」。這種相機的作用完全依照女兒的希望，因而，蘭德企業就此誕生了。

「拍立得」相機正式投產後，發明者如何宣傳和推銷這種新式相機呢？經過慎重考慮，蘭德請來了當時美國頗有名望的推銷專家 —— 霍拉‧布茲。布茲一見「拍立得」頓生好感，欣然受命擔任專門負責行銷的經理。

邁阿密海濱是美國的旅遊勝地，每年來此度假的旅客成千

上萬。精明的布茲認為這裡是理想的推銷場所，他專門僱用了一些泳技高超、線條優美的妙齡女郎，在海濱浴場游泳時假裝不慎落水，然後再由特意安排的救生員將其救起，驚心動魄的場面引來了許多圍觀的遊客，這時，「拍立得」相機立刻大顯身手，眨眼功夫，一張張記錄當時精彩場面的搶拍照片展現在人們面前，令見者驚訝不已，業務員便趁機推銷這種相機，就這樣「拍立得」相機迅速由邁阿密走向全國，成了市場的熱門商品，暢銷不衰。公司因此生意興隆，名聲大振。

對於一個成功者來說，透過不斷發明創造，改進技術和開發新產品等方法來競爭主動權。想別人所沒想，做別人所未做的事。「奇」的行動是別人未料到的行動，「奇」的計謀是別人還未意識到的計謀。

凡事豫則立

有人坐等機會，希望好運氣從天而降。成功者積極準備，一旦機會降臨，便能牢牢地把握。

一位探險家在森林中看見一位老農正坐在樹樁上抽菸斗，於是他上前打招呼說「您好，您在這裡幹什麼呢？」

這位老農回答「有一次我正要砍樹，但就在這時風雨大作，颳倒了許多參天大樹，這省了我不少力氣。」

「您真幸運。」

「您可說對了，還有一次，暴風雨中的閃電把我準備要焚燒的乾草給點著了。」

「真是奇蹟！現在您準備做什麼？」

「我正等待發生一場地震把馬鈴薯從地裡翻出來。」

如果你失業，不要希望差事會自動上門，不要期待政府。工會打電話請你去上班，或期待把你解聘的公司會請你吃回頭草，天下沒有這麼好的事情。

有位年輕人，想發財想得發瘋。一天，他聽說附近深山裡有位白髮老人，若有緣與他想見，則有求必應，肯定不會空手而歸。

於是，那年輕人便連夜收拾行李，趕上山去。

他在那兒苦等了 5 天，終於見到了那個傳說中的老人，他向老者求賜給他。

老人便告訴他說：「每天清晨，太陽未東昇時，你到海邊的沙灘上尋找一粒『心願石』。其他石頭是冷的，而那顆『心願石』卻與眾不同，握在手裡，你會感到很溫暖而且會發光。一旦你尋到那顆『心願石』後，你所祈願的東西就可以實現了！」

每天清晨，那青年人便在海灘上檢視石頭，發覺不溫暖又不發光的，他便丟下海去。日復一日，月復一月，那青年在沙

灘上尋找了大半年，卻始終也沒找到溫暖發光的「心願石」。

有一天，他如往常一樣，在沙灘開始撿石頭。一發覺不是「心願石」，他便丟下海去。一粒、二粒、三粒……

突然，「哇……」

青年人大哭起來，因為他突然意識到：剛才他習慣性地扔出去的那塊石頭是「溫暖」的──

當機會到來時，如果你麻木不仁就會和它失之交臂。

一位老教授退休後，拜訪偏遠山區的學校，傳授教學與當地老師分享。由於老教授的愛心及和藹可親，使得他到處受到老師及學生的歡迎。

有次當他結束在山區某學校的拜訪行程，而欲趕赴他處時，許多學生依依不捨，老教授也不免為之所動。當下答應學生，下次再來時，只要他們能將自己的課桌椅收拾整潔，老教授將送給該名學生一份神祕禮物。

在老教授離去後，每到星期三早上，所有學生一定將自己的桌面收拾乾淨，因為星期三是每個月教授例行會前來拜訪的日子，只是不確定教授會在哪一個星期三來到。

其中有一個學生想法和其他同學不一樣，他一心想得到教授的禮物留作紀念，生怕教授會臨時在星期二以外的日子突然帶著神祕禮物來到，於是他每天早上都將自己的桌椅收拾整齊。

　　但往往上午收拾妥善的桌面，到了下午又是一片凌亂，這個學生又擔心教授會在下午來到，於是在下午又收拾了一次。想想又覺得不安，如果教授在一個小時後出現在教室，仍會看到他的桌面凌亂不堪，便決定每個小時收拾一次。

　　到最後，他想到，若是教授隨時會到米，仍有可能看到他的桌面不整潔，終於小學生想清楚了，他必須時刻保持自己桌面的整潔，隨時歡迎教授的光臨。

　　老教授雖然尚未帶著神祕禮物出現，但這個小學生已經得到了另一份奇特的禮物。

　　被動等待或守株待兔，根本是浪費時間、錯失良機的舉動，而這亦無異於把自己的命運交付給未可知的外力來決定。

　　有許多人終其一生，都在等待一個足以令他成功的機會。而事實上，機會無所不在，重要的在於，當機會出現時，你是否已準備好了。

　　如故事中小學生給我們的啟示，自己準備妥善，得以迎接機會的到來，是可以循序漸進而學習的。

　　在過去的歲月中，或許我們一直在等待成功的機會，而耗去了過多的時光，卻等不到機會的出現，從今天起，在等候的同時，我們可以開始做好準備，讓自己保持在最佳狀態，以便機會出現時，你可以緊緊抓住，不讓它溜過。

固執己見者難上進

花有百般紅，人與人不同。沒有人是完人，認清自己弱點，你才有希望。

每個人都有弱點，既有實際上能力素質方面的弱點與不足，也有性格感情上的弱點與脆弱之處。弱點打擊我們，讓我們脆弱，失去安全感，帶來挫折、沮喪，並在人生途中把我們擊倒。這些弱點，往往不是致命的病態，但它發作時，卻讓我們自身衰弱，從而讓乘虛而來的外來危險變成致命打擊。可怕的是，我們並不知道這些弱點何時發作，因為它潛伏著。可當你發現一個機會，正欣喜若狂時，它會突然暴露，給你重重一擊，然後你便只能在痛苦無助中眼看著機會消失。

世上沒有完人，每個人多少都有自己的弱點。對於弱點，絕大多數人沒有全力以赴去克服它，總是避免它。「尺有所短，寸有所長」，揚長避短本是沒錯。但有些弱點有如定時炸彈，所謂的厄運，就是由於我們拒絕承認自己的這些弱點所付出的代價。「你愈是想避免的，就愈是避免不了」，這是一則相當有力的心理學定理。不論你採取什麼規避的方法，換工作或離婚、與某人斷絕往來，你的弱點怎麼也甩不開。

我們可以在生活中遇到許多身體健康、頭腦靈活、事業有成的人，由於受制於弱點，使他們的精力和創造力無法獲得充

分的發揮。拒絕去面對自己的弱點，就像是踩剎車，卻又要車子前進一樣。

成功學的大師拿破崙・希爾博士經過潛心研究，將弱點作了五大分類：

◆ 對自我形象的懷疑

這類人對自己的形象極不滿意，表現為對自己身體條件的苛刻要求，他們不能夠在心中為自己認同一個合適的自我形象。由於懷疑自我形象而喪失機會的例子也是存在的：

以前有個學生，成績相當優秀。可惜就是臉上有一塊胎記，這件事讓他非常自卑。後來，全市有名的重點中學給了這所學校兩個報考名額。本來理所當然應該有他一個的。可他看見通知書上要求「五官端正」，便不敢去報考。有同學去勸他時，他居然大吼：「你想讓我去那中學現醜嗎？那兒全是些頂尖人物呀！」同學只好閉口，結果別人去考，則幸運地考取了。

後來他很後悔。他上的中學升學率不超過 10%，教學水準很差。但機會一去不回，過於貶低、懷疑自己的形象也是要吃苦的。

◆ 莫名的擔憂

這類人對自己缺乏信心，老是害怕自己一不小心，就暴露自己的弱點，從而招來傷害。因為不願去積極的解除弱點，自

願被弱點束縛起來。這種人生活沒樂趣，他們神經永遠緊繃，處處害怕流露出自己的弱點讓人恥笑，做起什麼事來也束手束腳，就算看見機會也不敢利用，因為害怕在機會附帶的困難中暴露自己的不足。

◆ 無法忍受別人的批評

這類人為了避免遭到別人的指責，老是想討好人。努力塑造一個完美的自己，他們是活給別人看的，內心非常苦悶，總覺得別人不了解自己。

有一個法律系的學生，勤奮好學，積極向上，又是系裡的幹部，又是學生黨員，同時又是許多社團的重要成員。每天就見他忙東忙西的，看見他的人都說他很優秀。可他私下同朋友閒聊時卻說很痛苦，覺得活得沒多大勁。

他曾喜歡一個同班女生，那女生也對他有點感覺。但寢室裡兄弟吹牛時，有一個室友宣稱喜歡那女生，其他室友都一擁而上，為那個室友出謀劃策，打氣加油。他只有在旁邊微笑，心裡別提多苦了。他不是那種能說出心裡事與別人競爭的人，形象第一，完美萬歲！結果當然是他最不願的情形：那兩人好上了。

「想想我是為什麼活的？那種機會也不要。那女生明明對我有意思。」他是一個好學生，從沒有一點毛病讓人抓住。但他過的生活讓人望而止步，失去的東西太多了。

◆ 過分緊張與忙碌

這類人老是無法放鬆自己，手頭無論有多少事，總試圖一下子解決問題。問題不解決，他們睡不著覺。實際上，從任何角度講，一個壓力過大的人是難以維持客觀態度，從而看清機會或找到問題解決方法的。因為他過於專注自己的壓力，感到不堪重負，各種事情都展不開手腳。總覺得時間不夠，要求太多等等，結果又陷入消極心態。

消極心態必然導致挫折。歷年學測中都有原來成績很不錯的學生由於壓力太重而失常的事。如果他們能正確承擔應該而必要的責任，把無謂的責任拋開，就不會出現失常行為了。

◆ 期望過得更快活

這類人總不能享受現在，總是認為有比此刻更完美的生活。他們期盼著奇蹟來突然推動自己的生活。這種人就好比前面所說的不懂得眼前的珍貴，只會看遠方風景的那類人，不扎實地以現在為起點出發，成功與機會永遠不會光顧他們。

除了行為與心理上的弱點外，性格弱點也極其可怕，而且對人能不能抓住機會影響很大。

個性對於能不能抓住成功契機是很重要的。反過來說，性格上的缺點會影響一個人抓住機會的機率。

性格不是天生的，而是學來的。你不可能聽見誰評論一個

初生嬰兒的性格。所以無論是優良性格還是缺陷性格都是後天形成的。

大凡性格優良者一般都會成功。這裡所說的性格優良者並不是指單純的善良溫和，而是指性格中充滿積極光明的一面。他們不會被動地等待事情發生或機會出現，他們主動尋找機會；他們不浪費時間，甚至創造機會，做出成功之舉。但性格上有缺點者人生或許恰恰相反。識惡才能避惡，下面舉出 8 種具體的性格惡症，他們是性格的最大敵人。關鍵是它們像螃蟹一般橫行，常會在你人生路上攔腰殺出，破壞你的種種機會。所以你要認清並消滅它們。

第一，善於欺騙自己的性格：一個善於欺騙自己的人不能誠實地和其他人合作成功，欺騙自己無疑也會欺騙他人。這樣一來，從其他人處得到機會，獲幫助的就近乎不可能了。

欺騙自己的人總是沉醉在幻覺中。可怕的是他們以幻覺來代替生活，而又振振有辭地為自己辯護。幻覺很容易與夢想混淆，必須有效地區別它們。幻覺所依賴的必然是跳出關鍵環節的偷懶作風，它不切實際。自欺的人的心態常常是自信過剩。你想，一個滿口胡話又自傲自大的人，會有人想與他合作，給他機會嗎？

第二，不求付出只講收穫的懶人性格。有很多人，老是希

望不做任何努力就有成功機會出現。他們常會抱怨世道不公，「唉，我父母怎麼就沒錢呢，」「如果撿到 100 萬的話」，種種不負責任的想法是他們精神的麻醉劑。與這些甘美的麻醉劑比起來，伴隨著不可知性與種種困難的機會就顯得太過苦澀了。

第三，具有無恥性格的人。沒有羞恥的人主要表現在追求感官享受上。莫德林教堂前曾有個極端分子宣稱：如果亞當與夏娃不吃智慧果就好了，讓人有了羞恥心，人類的生活顯得不自然與壓抑了。後來據調查，此人的日常行為表現出他是一個真正的無恥之徒。

無恥的人絕對沒有良心。他們總是問：「你給我多少好處？」看見這種人，機會自個兒都會跑得遠遠的。無恥的人總想拿自己的一分價值去換得百份的收穫。他們希望命運女神向他們獻媚，但這種不正常性格反而讓他們面對機會計較太多，既想少付出，又想多獲得，機會可不會等他們。

第四，極端冷酷的性格。性格冷酷到一定程度就會喪失人性。而一旦喪失人性就會成為可怕的偏執狂。阿道夫‧希特勒（Adolf Hitler）便是其中的代表。本來他的政治才能、軍事指揮力相當不錯，但當德軍節節獲勝時，他的性格發生了扭曲。自認德意志民族是優秀民族的他下令消滅猶太人為首的其他所謂劣等民族。而實際上當時正確的策略與政略應該是撫慰民眾，培植親德力量，一味地屠殺只是土匪強盜的行為，跟一個想統

治世界的人的心胸策略相差太遠。極端冷酷，喪失人性的希特勒也喪失了至少統一歐洲的機會。

第五，不講原則，只求方便的性格弱點。這種人同樣會無親無友，是沒有原則立場的牆頭草，就算風光一時，也不會長久。孔子在 2600 多年前便已說過「人無信不立」。沒有原則，朝令夕改的人不會有人給你機會。在周圍懷疑的目光下，這種人還想抓住機會一步登天無疑是痴人說夢。

第六，無視道德的個性。個性必須建立在道德基礎上。道德情感對於成功的個性具有不可替代的重要性。如果忽略或根本無視道德基礎，勢必造成一個自私自利的零散社會。人人為己的社會就會散架。大廈將傾的話，作為社會的個人又豈會倖免。這時候更談不上機會不機會的事了。

第七，厭惡奉獻。這種惡性與坐享其成是交相輝映的。但厭惡奉獻更勝一籌，它表明任何利他行為都是不可能的。厭惡奉獻者同樣有一顆冷酷的心。但他忘記了社會是一個環狀或網狀的系統，要想良好循環，必須相互交流才行。厭惡奉獻的人很難從別人處得到奉獻與機會。個人如果厭惡奉獻，是無力完備一個成功個性的，生活也不會給他以任何回報。

第八，貪得無厭的性格。貪婪有時會成為一種動力，但大多時候卻會因為這種動力帶有強大的負面因素而失控。一顆貪

婪的心通常也是一顆扭曲的心，不能客觀地觀察分析事物，當機會來到時，這種人不是過於專注於機會中的利益，看不到困難就是想獨占機會，排擠他人。最終結果都是喪失機會。

以上 8 種性格與個性上的缺點並不是代表 8 種人。這些負面的東西往往是相通的，就好比坐享其成人必然會厭惡奉獻，多少也會有點貪婪。而過於貪得無厭的人往往無視道德、對他人非常冷酷。所以一個人想要能冷靜地觀察事物，抓住機會就要避免跌入這 8 種性格陷阱中的任何一個，否則會越陷越深。

弱點是可怕的，是客觀存在的。自信自滿的人忽略它，自卑自憐的人誇大它。但大部分弱點卻是後天形成的，為什麼不能在後天克服它們呢？就算是先天上的弱點，也不是不能克服。實際上如果處理得當，你不但能消除弱點帶來的負面影響，甚至還能利用弱點得利成長。

當然，在克服個人弱點的過程當中，總是有苦有樂。苦的是，你的弱點可能不會就此完全消失。比如一個對失敗感到不安定，對別人的憤怒抱著恐懼的人，不可能奇蹟似的一夜之間去除他的恐懼感。人從壓力下解脫出來之後，會有一種「再回去」的自然傾向。在你焦躁、忙碌。疲乏無力之時。那些你認為已經消失的壞習慣，可能會乘勢而來。

相反的，你可以藉著發現、掌握你的弱點，使自己不再那麼自動地打擊自己，讓自己比較容易克服弱點。實際上，自己

的心理狀態對克服弱點有關鍵作用。

比如一個人長得挺胖，加上心理負擔重，一見人就搶先說「哈，真沒辦法，又長胖了，找不到老婆了」。這種自我打擊，自我解嘲的話一說出來。就算別人無意關注你有多胖也會被迫想到這方面上去。然後呢，也許雙方會陷入窘迫的處境。對方只有乾澀地笑幾聲：「哪裡，哪裡，心寬體胖嘛！」或「你很福態嘛！」總之，久而久之，對方可能對你敬而遠之。

這樣，這個胖子不但先天弱點大暴露，而且由於自己的自卑情緒導致人際關係不佳。他的問題不在於自己有多胖，而在於對自己多胖的態度。執念於自己弱點上的人，往往看不見自己的其他優點，容易有挫折感，容易沮喪，一碰見什麼事自然而然地想到弱點，然後退縮。這樣的狀況下是不可能抓住什麼機會的。

當然，不執念於自己的弱點，並不代表忽視它。你的弱點是一個重要的預警訊號，提早警告你必須對你自己、你的工作、你的人際關係中的某些事情加以注意。當你面對自己的弱點時，你不會再感到氣憤、不會再有挫折感；相反的，你能夠問自己：「我能從這種情況中學到什麼？」「我如何才能把這種明顯的弱點，轉化成另一種力量，使我更明智、更有愛心，更幸福。」

一般來說，成長的路線並不是直線進行的，它會以螺旋狀的方式逐漸上升。也就是說，我們總是有進有退。但只要找到

並克服退步的原因，就總能讓進比退更多。每次當你的弱點突顯之時，或是你成長路線岔開的時候，不要因此而沮喪，這時候你最需要的是信任自己，不要苛責自己，你要在歷經考驗中讓自己克服弱點，全面成長。

為了擺脫弱點，你可能要拋棄很多東西。過去，你可能會自憐自哀，你給自己施加壓力，讓自己成為某個和你完全不同的人；你把怕別人無法接受的部分隱藏起來；你擔心別人對你有什麼看法── 這些，你必須全部拋棄。一個背負著這麼多負擔的人不可能冷靜客觀地去洞察機會，抓住機會。他幾乎所有的心力都放在了與自己的弱點作精神搏鬥上了。他必須原諒自己的弱點，也要用同樣的態度去體諒別人。同時，你要學會接受自己身上讓自己最感無法忍受的部分。你要成長到能夠看清實際中的你，不要一味地理想中的你拿來壓迫實際中的你。

你可能會說：管這麼多幹麼？這輩子不完全發揮潛力也無所謂，如果你有勇氣承認自己的弱點，並用客觀平常的心來對待，你就會突破弱點的負作用。是要不要克服全在你自己。但目前與未來，你的人際關係，你的活力，你的機遇，恐怕會遭到弱點的扼殺。要默默承受弱點？還是自我完善？你自己決定，但克服弱點，絕對會為你帶來順心而長久的人生，會助你更好地抓住機會，毋庸置疑。

第四章　行動的執行

做自己的主人

無論何時何地，員工需要工作當成自己的事業來經營，時刻以企業的主人身分維護企業的利益。企業主角的精神是樹立專業的職業精神一個不可或缺的重要方面。

在談到應該給年輕人什麼樣的忠告時，鋼鐵大王安德魯·卡內基認為：「無論在什麼地方工作，都不應把自己看成是公司的一名員工，而應該把自己看成公司的主人。」

在幾年前，澳洲某山區野兔橫行，附近居民傷透了腦筋，在採取了各種措施而未見成效之後，他們決定邀請獵人約翰前來獵殺。約翰獵名赫赫，倒不是因為他彈無虛發，而是上帝給了他兩樣從獵的寶貝：一雙能聽懂狗叫的耳朵和一隻凶狠無比、能領悟人言的獵犬吉姆。

約翰果然身手不凡，來了一週，毫無戒備的兔子們便屍橫遍野！居民們連連挑大拇指誇耀約翰的槍法。原本打算留幾隻野兔的約翰被奉承得不辨東南西北，便決定將最後幾隻倖存者也獵殺殆盡。

遭遇了這場血腥的屠殺，劫後餘生的幾隻野兔明白遇到了勁敵，於是晝寢夜行，即使覓食也左顧右盼，稍見草動，便溜之大吉。約翰和他的吉姆工作一天卻一無所獲，約翰遜覺得名聲受了損害，便常常責怪吉姆。吉姆自然不服，獵犬也汪汪表

示抗議。

　　第二天，約翰開始對附近山區進行地毯式搜尋。約半個鐘頭，一隻隱藏在草叢中的野兔被約翰發現，他毫不遲疑舉槍射擊，「砰」的一聲，兔子的後腿被打中了。

　　「該死的吉姆，快抓住牠！」望著中彈而逃的兔子，約翰坐在一塊石頭上一邊點菸一邊給吉姆下達指令，輕鬆的表情彷彿那隻兔子的命運已定。

　　「任何兔子都逃不出吉姆的追趕，別說一隻瘸腿的傢伙。」約翰得意地吐著菸圈，等著吉姆勝利歸來。

　　不久，吉姆垂頭喪氣地回來了，顯然未能完成預定任務。

　　「該死的吉姆，那隻兔子呢？」

　　「汪汪！我已經盡力而為了！」面對責罵，早已心懷不滿的吉姆大聲抗議道。

　　就在約翰責罵的同時，那隻瘸兔子與牠的同伴也正探索著自己劫後餘生的原因。

　　「獵狗為何沒追上你？」

　　「因為我是在為挽救自己的生命而奔跑，我只能竭盡全力；而牠卻是在為完成主人的任務而奔跑……」

　　這個寓言故事表明，員工只有樹立企業主角的精神，才會全力以赴地努力奔跑。一旦你把自己當成企業的主人，就會對

自己的所作所為負責，持續不斷地尋找解決問題方法，主動克服生產過程中和業務活動中的障礙。也只有這樣，你才能在企業中脫穎而出。因為在一個大家庭中，每個成員會自動自發全力以赴地貢獻一己之力。

首先，要以老闆的心態要求自己。如果你把自己當成公司的主人而不是僱員，你就一定會把工作質量與業績提高到更上等次，你一定可以找到更恰當的方法來做到這一點。

許多僱員有著非常出色的能力，甚至比他的老闆還要出色得多。但是多年以來他們一直是個平庸的職員，因為他們始終抱著這樣的心態：「我為什麼要去做更多的工作呢？我為什麼要承擔更多的責任呢？我要考慮的只是我自己而非別人。我需要盡情享受生活，而不是自尋煩惱。」

每一天都以老闆的心態要求自己吧！這樣你將會因此而不同，因為老闆的心態將調動你自動自發地專注工作。

其次，把公司的事當成自己的事，全心全意地投入到工作中去。在現代的企業組織中，工作範圍的界定是很模糊的，老闆最看重把公司的事情當成自己事情的員工。因為當某位員工失職時，他不會眼睜睜地看著情況繼續惡化下去，而是想方設法進行補救。一個員工的工作士氣需要自己去保持，不要指望公司任何人在你的後面為你吶喊加油。只有你自己，才能為你

的能源寶庫注入充沛的活力，為自己創造一流的工作能力。如果每天在上班時「混」工作，這樣的人是很難生存的，是缺乏企業主角精神的表現，損害的不僅是企業，更是員工自身的職場前途。

關注大局

專注的員工不是按自己的意志投入到專注的工作中，而是服從安排，接受任務，然後再根據公司的安排部署，服從大局，顧全整體、靈活調整；根據需要，把專注工作與靈活變化結合起來，達到服從第一的工作態勢。

服從即沒有任何藉口與抱怨，毫無條件地遵照執行，聽從上級的決策和命令。

許多企業管理專家表示，很多企業從註冊到倒閉，極難生存 5 年，並不是缺少好的創意和決策，而是員工缺少遵循指示做事的習慣。

服從是整個組織最高的行動法則。1951 年 4 月 11 日，杜魯門（Truman）總統下令撤銷麥克阿瑟（MacArthur）將軍的一切職務。最讓麥克阿瑟將軍尷尬的是，功勳卓著的他會在戰場上被總統撤銷一切職務，而且他是從新聞廣播中獲知自己被撤職的。這一消息實在太突然了，沒有絲毫思想準備的麥克阿瑟將

軍聽到後，面部表情一下子呆滯了。

麥克阿瑟將軍不服從上級指令是歷來有名的。在 20 世紀 20 年代末 30 年代初的經濟危機期間，一些退伍軍人及其家屬到華盛頓請願，要求政府發放現金津貼。當時任陸軍參謀長的麥克阿瑟到示威現場阻攔。在任總統胡佛（Hoover）指示麥克阿瑟不要動用軍隊對付示威者。麥克阿瑟對總統的指示不予理睬，他用軍隊驅散了示威的人群。

二戰結束後，杜魯門總統儘管對麥克阿瑟印象不佳，但對他還是委以重任。麥克阿瑟後來成為日本的絕對統治者，他對日本的政治、經濟進行了非常大的改革，使日本基本上消除了軍國主義、法西斯主義，走上了社會經濟迅速發展的道路。但麥克阿瑟在沒有經華盛頓批准的情況下，擅自將駐日美軍削減了一半。麥克阿瑟的舉動實屬目中無人，杜魯門大為惱火。戰爭結束後，杜魯門兩次邀請麥克阿瑟回國參加慶典，都被麥克阿瑟以「日本形勢複雜」為由回絕了。

杜魯門在解除麥克阿瑟將軍職務時說：「我之所以終止麥克阿瑟將軍的軍旅生涯，既不是由於麥克阿瑟將軍跟我的意見不一致，也不是由於麥克阿瑟將軍對我進行人身攻擊，而是由於麥克阿瑟將軍不服從白宮命令，這是絕對不能容忍的。」

事實證明以「服從第一」的群體戰鬥力是最高的。在軍隊，

服從是軍人的第一天職。拿破崙在戰場上之所以攻無不克，關鍵在於他的軍隊始終無條件地服從他的指示。企業雖然不是軍隊，但企業同樣需要服從，服從是專注工作的前提。

很多企業管理專家都倡導發揮個人的主觀能動性，把服從看成「殘酷的泰勒制」，認為服從是把人看成機器。但我認為，在員工自我管理上，沒有服從就沒有開發，所謂的專注、創造性、主觀能動性等都是在服從的基礎上才能發揮作用。

一個員工如果不能無條件地服從上司的命令，就可能與企業的終極目標相悖，併產生障礙，此時越專注可能損失就越大。因為一個不能服從上級策略、計劃的專注員工，可能出現由於個人的主觀能動性而「胡亂搞」，或者成為「個人英雄」，與公司的計畫不一致，使整個公司效率低下。

因此，在形成公司裡的職員，應以服從為第一，要專注於上司安排的工作任務。不找任何藉口而無條件地服從並徹底執行的員工才是最好最傑出的員工。

有一位叫普爾頓的年輕人，上司讓他去一個新的地方開闢市場，那地方十分偏僻。公司生產的產品在很多人看來要在那裡取得銷路是十分困難的，因此，把這個任務分給普爾頓之前，上司曾經三次把這個任交給過公司裡別的人，但是都被他們推脫了，因為這些人一致認為那個地方沒有市場，接受這個

任務最終結果將是一場徒勞。普爾頓在得到上司的指示後什麼也沒有問，只帶著一些公司產品的樣品出發了。

三個月後，普爾頓回到公司，他帶回的消息是那裡有著巨大的市場。其實在普爾頓出發之前，他也認定公司產品在那裡沒有銷路。但是，由於他的服從意識，他依然選擇前往，並全力以赴地開拓市場，結果最終取得了成功。

因此，專注必須以服從為基礎。因為只有這樣才能獲得更大的成績；否則，將導致各行其是的專注，這對企業和個人都毫無益處。

工作要消除憂慮

有些員工不能專注工作，主要是認為自己在公司裡受到老闆和上司的壓榨和奴役，認為自己的血汗錢被剝削和壓榨了，整天抱怨說自己像奴隸一樣被人役使。這樣一來，其內心就漸漸產生了奴隸的心態，他們在老闆或上司不在的時候，就偷懶，甚至浪費公司的財產。久而久之，他就真正變成了一個工作奴，討厭和憎恨工作。到目前為止，還沒有哪個奴隸會真心地專注工作。

幾年前，馬登應邀前往一家大公司參加年會，並在會上發表演說。會上有一位老職員哈利當場宣布退休，公司董事長先

站起來做了一次例行講話，說哈利先生對公司多麼有價值、有貢獻，以及現在他要退休對他多麼的懷念。

但是，講話結束後，哈利先生的事蹟沒有引起大家的共鳴。年會快要結束時，哈利用手指輕輕地觸了馬登一下，說：「你是否能給我 30 分鐘的時間，我有話要對你說，順便發洩一下我心中的鬱悶。」

馬登無法拒絕這樣的請求，於是帶著哈利來到自己下榻的旅館裡。

馬登首先開啟話題：「在公司待了那麼多年，可謂是勞苦功高，今天晚上光榮退休，真是一個值得紀念的日子啊！」

然而哈利先生卻說道：「今天我並不快樂，我真是不知道該怎麼說才好，這是我一生中最悲傷的夜晚！」

「為什麼？」馬登問道，馬登想要使他認為自己很吃驚，其實馬登心中並不吃驚。

「今晚我只是坐在那裡面對我慘痛的一生而已，我感到自己一事無成，徹底失敗了。」

「你準備做些什麼？」馬登問道，「你現在才 65 歲而已。」

「還能做什麼，我將要搬到老人村裡去住，在那裡直到老死為止，我有一筆不少的退休金以及社會保險金，這些錢足夠我養老了。」哈利先生很痛苦地說，「我希望這樣的日子很快就來臨。」

　　然後，哈利先生從口袋中取出晚上才拿到的退休紀念表，說道：「我想把這件禮物丟掉，我不希望留下這些痛苦的記憶。」

　　漸漸地，哈利先生全身放鬆下來，他繼續說道：

　　「今天晚上，當喬治先生（該公司的董事長）站起來致辭時，你可能無法想像我當時多麼悲傷。喬治先生和我一起進入公司，但是他很上進，節節攀升，直至今天的位置。我卻不然，我在公司領到的薪水最高不過 7,250 美元，而喬治先生卻是我的 30 倍，還不包括種種紅利以及其他福利在內。每當我想起這件事，我總是認為喬治先生並沒有比我聰明多少，他只是不怕吃苦，經得起磨練，能一心一意地把全部心思都投入到工作中，而我沒有做到這一點。」

　　「公司內外有很多機會，我都可能獲得晉升的，例如我在公司待了 5 年後，有一次公司要我到南方去掌管分公司，但是我不想被老闆利用，讓老闆剝削更多而回絕了。我做事時總是馬馬虎虎，把自己當作受剝削的奴隸。真的，從沒有一心一意地幹好本職工作。現在，一切都已經過去了，我什麼也沒有得到，真是往事不堪回首啊！」

　　哈利先生像無數人一樣，把自己判入終身的心理奴隸的牢籠之中。這種奴隸並不限於某行業的工作，而是在辦公室中，在商店裡，在農場上，以及每一個地方，我們都發現這種奴隸存在。

其實，這種現代奴隸的形式是苛求老闆造成的。許多員工把老闆當成慈善家，將過多的責任強加給老闆。可是你在沒有想過，即使是慈善家，他的慈善基金也不是無原則地施捨的，而是遵從一定原則的。實際上，資本從一出現就帶有原罪性，如果我們用這種原罪觀看待老闆，我們看到的永遠是剝削。剝削與被剝削的關係，是一個相當複雜的問題。

老闆是否在壓榨你，這必須做認真仔細的分析。但是，員工應該反省自己，是否盡到了作為員工的責任。由於自己懈怠工作而使自己受到更多的壓力，是不能算壓榨的。

然而，有些人整天無端地抱怨，說自己像奴隸一樣被人剝削，於是，他們的內心漸漸就產生了一種低人一等的心態，最終變成了奴隸。奉勸這些人在抱怨自己受到壓榨成為奴隸之前，先看看自己是否是心理上的奴隸。

如果你能夠剖開心靈，審視自己的靈魂，就一定可以發現，自己的思想裡正隱藏著許多瑣碎的欲望，這些欲望導致了你無法專心致志地工作，而且你的抱怨讓這種不專注的行為會頻繁出現。如果改正這些缺點，你就不再是奴隸，也沒有人能夠奴役你了。你要擺脫自私與狹隘的思想，去追求一種寬闊的境界。驅除你自己正被老闆壓榨的思想，敞開心扉反省，你就會進一步意識到，傷害自己的其實就是你自己。

　　不要抱怨老闆是利用你、剝削你來賺錢。一些員工因為無法擺脫「被人壓榨」的思想而不能專注工作，自以為是對公司和老闆的報復。其實，正是這種思想使自己陷入了終身心理奴隸的牢籠中，他們自己成為了真正壓榨和奴役自己的「凶手」。

　　當然，並非所有的老闆都是善良的，並非不存在任何剝削現象。但是，我們卻不能以點概面，認為「天下烏鴉一般黑」。

　　換個角度，如果沒有人剝削你，那又意味著什麼呢？也就是沒有人用你，那是多麼悲慘啊！如同自然界一樣，社會是彼此制約、相互依賴的整體，作為一名下屬，只有拋棄各種抱怨心理，專心工作，自動自發地為企業的發展而努力奮鬥。記住：如果沒有你首先在心理上成為被壓榨的奴隸，沒有任何一位老闆可以壓榨你。

整齊劃一的團隊精神

　　每個職場中人都會有過這樣的經歷：當自己受到同事的攻擊、譏諷或陷害之後，無論面對是多麼重要、多麼複雜的工作，都會提不起精神來，工作的思緒常常會為突然出現的憤怒所打斷。所以，沒有一個平和的心情，員工不可能專注本職工作的。

　　當一個團隊裡的每一位成員都在為矛盾、隔閡和誤會等一些瑣事而煩惱，對周圍的隊友充滿敵意的時候，他自己首先不

能全心全意地對待工作，其次是他失去了與人合作的前提。如此一來誰還會專注本職工作呢？

什麼是解決這一問題的靈丹妙藥呢？溝通。有效的溝通能及時消除隊員之間的分歧、誤會和成見等，讓共識、理解、信任、合作和友誼走近。在一個溝通和睦的職場中，每個人都能安下心來自動自發地工作。

然而，在現代組織中，很多成員的行為──信守「沉默是金」──無異於慢性自殺。在工作之初，這樣可能還過得去，但時間一長，任誰也無法全力以赴地工作。沙因的經歷是個很好的明證。

沙因是名校高材生，畢業後到某公司供職。儘管沙因工作態度和工作方法都很正確，但上班幾個月以來，開始還能全力以赴，但後來就無法安下心來工作，和其他同事合作的事情業績也不佳。對此，沙因苦惱萬分，甚至有過辭職的想法。

有一次沙因回校拜訪自己的教授，教授問起他現在的工作情況，他很羞愧地說：「幾乎沒有什麼成績，我想辭職。」教授知道那家公司在行業中很出色，便問他原因。

沙因說：「我在的部門，無論從學歷還是從畢業院校來看，我都是數一數二的。在工作中，我總埋頭苦幹。碰到難題，我也不好意思去向他們請教，總是苦心鑽研。我幾乎沒有參加過部門

組織的活動，我認為那是在浪費時間。在工作中，為防止被老闆認為我拉幫結派，幾乎不與同事們閒談，碰面時至多打個招呼而已。在剛入職的一兩個月，我還能安心工作。但後來我就無法安心工作了，我總感覺同事們對我有很多猜忌和敵意。」

教授沉默了一會兒，說：「你有著作為一個優秀員工的潛質，但這還需要很多前提條件。良好的溝通便是不可缺少的。你的障礙是沒有拋棄『菁英情結』，總認為自己見識高人一等，不能夠謙虛地與他人交流，你身陷溝通不暢的惡性循環而茫然不知。同事之間需要有效溝通，這樣可消除彼此間的誤會、懷疑、猜忌和敵意。溝通不暢，效率怎能提高？質量怎能有所保證？

「『獨行俠』的時代已過去了，組織中每個人的工作都需要其他成員的支持和認可，缺少溝通，恐怕只有反對。所以，你必須讓大家支持和認可你，除了在一起工作之處，還應該盡量在閒暇時和成員一起參加各種活動。」

沙因聽了這一番話，恍然大悟，決心按教授說的那樣去做。一年之後，沙因由於業績顯著，並獲得部門同事們的支持和認可，被提升為部門經理。

從沙因的經歷可知，要想專心做好工作，良好的溝通是必不可少的。人與人之間的溝通應直截了當，心裡想到什麼就說

什麼，不要把簡單的問題複雜化，這樣會減少溝通中的誤會。言不由衷，會浪費了大家寶貴時間；瞻前顧後，生怕說錯話，會變成謹小慎微的懦夫；更糟糕的是，有些人當面不說背後亂講，這對他人和自己都毫無益處，最後只能是破壞了組織的團結。

除此之外，在溝通過程中，一定要消除認知上的失誤。

其一，人們一般更注重自己的看法，而不能容忍另類思維。其實，在追尋真理的過程中，人們在不斷重複著瞎子摸象的遊戲，帶有很強的片面性，或者摸到了腿，或者摸到了鼻子，只有把這些整合起來，我們才能距真理更接近一些。怎樣才能做到溝通。

其二，一些人放不下架子，總認為自己的見識高人一籌，這樣很難與人有效溝通。須知術業有專攻，尤其在這知識爆炸的時代，在一個領域你是專家，換個領域說不定你就是小學生了。

其三，一些人有自卑心理，總覺得自己是小角色，職位低，見識淺。實際上，紅花尚需要綠葉配，有了大樹，小草同樣有存在價值。

因此，在完善專注工作的職場環境時，必須和同事、上司進行積極有效的溝通。

團結就是力量

美國 NBA 從各個球隊中挑選最優秀的球員組成夢之隊，進行巡迴比賽，但往往會輸給技術較差的球隊。原因何在？夢之隊的每個球員都出類拔萃，但因為他們在一起的時間短，成員間缺乏積極的合作、配合。

1+1=2，眾所周知。然而在人力資源組合上，1+1>2，也可能 1+1<2，關鍵在團隊成員是否發揮合作精神。只有發揮每個人的特長，並注重流程，使之產生協同效應，才能有最好的工作業績。

有一次，麥肯錫公司在應徵人員時，一位女性的履歷和表現都很突出，一路上過關斬將。在最後一輪小組面試中，她伶牙俐齒，搶著發言，在她咄咄逼人的氣勢下，小組其他人幾乎連說話的機會也沒有。然而，最後她卻落選了。公司的人力資源經理約翰說：「她個人能力超群，但卻明顯缺乏團隊合作精神，這樣的人對公司的長遠發展有害無益。」

員工為了使自己專心做好工作，需要發揮團隊的合作精神。只有與同事友好合作，以團隊利益至上，才能在職場發展中有錦繡的前程。因為現在的工作越來越模糊化，很難有固定的分工，團隊的目標便是個人的目標。

因此，靠一個人的力量是無法面對千頭萬緒的工作的，只有憑藉團隊的合作力量，才會取得令人意想不到的成就。如

果缺乏團隊合作精神，專案都是自己做，不願和同事一起想辦法，每個人都會做出不同的結果，最後對團隊一點用也沒有。

一個人不可能業業精，事事通，在某方面可能是行家，而在另一方面就可能是學生。而工作中需要各方面的技能，這就需要團隊其他成員合作，從而互相增值，為專注工作搭建過牆梯。

有一次，聯想和惠普做攀巖比賽。在比賽之初，聯想隊強調的是全力以赴，注意安全，共同完成任務。惠普隊在一旁，除了強調目標，士氣激勵之外，還一直在合計著什麼。比賽中儘管聯想隊全力以赴，但在排除險情時由於花費時間過長，最後輸給了惠普隊。

惠普隊是如何勝出的呢？原來在賽前，根據各個隊員的優劣勢進行了精心組合；第一個是動作靈活，具有獨立攀實力的小個子隊員，第二個是高個子隊員，女士和身體肥胖的隊員放在中間，殿後的當然是具有獨立攀巖實力的隊員。於是，他們憑藉合作迅速地完成了任務。

但是，如何培養個員工的合作精神呢？

首先，專注團隊的目標。團隊目標是唯一的目標。在體育界有個很普通的觀念——除非團隊贏了，否則每個人都輸了。其實，這在任何行業都適用。除非公司有發展，否則個人絕不會有發展。

其次，包容隊友的缺點。在 21 世紀，失敗者並不是敗於大腦智慧，而是敗於人際的互動上，成功的潛在危機是忽視了與人合作或不會與人合作。合作的關鍵是你以怎樣的態度去看待隊友，應該讚揚隊友的優點，包容隊友的缺點。

最後，具有全域性觀念。個性張揚是現在的時尚，但必須要有整體意識全域性觀念，與團隊行動一致。曾經有兩個人共同承擔一個專案，但其中有分工。其中一位在完成任務的過程中遇到難題，此時他只會自己冥思苦想，卻不屑向隊友請教。而隊友也不幫助自己的合作夥伴，坐在旁邊等著看笑話。兩個人都在用心做好自己的工作，便卻由於不善合作，沒有全域性觀念，使時間一延再延。

所以，我們在專注工作目標的同時，也不要忽視合作，要充分整合團隊成員的優勢，使自己有超級戰鬥力，從而能快捷地實現目標。

敬業是職業準則

目前，大多數員工（尤其是年輕一代）都有「淨賺薪水」的職業心態，認為「你給多少錢，我就出幾分力」理所當然，互不拖欠。這種以金錢來衡量工作價值的心態是非常錯誤的。作為企業的員工，需要樹立良好的職業心態。

　　一個人的心態是否端正，往往決定了一個人能發揮出多大的專業水準，能創造多大的業績，也決定他在企業中的位置。余麗是某外國語學院的碩士研究生，畢業後應徵到一家外企工作。這是她涉世之初的第一步，她將從這裡正式步入社會，開拓自己的前程。因此，她很激動，心裡暗暗決定：無論是什麼工作，我都將全力以赴，把它幹好！

　　然而，令余麗萬萬想不到的是，上司竟然安排她拆應徵信，然後翻譯。這份工作枯燥無趣，而且能讓人忙得四腳朝天。一個名校碩士生會甘心情願幹這個嗎？余麗陷入困惑之中，她面臨著人生第一步應該怎樣走下去的抉擇 —— 是專心致志地幹下去，還是另謀職業？

　　經過一夜的反覆思考，余麗決定按當初的誓言一樣做下去。於是，她每天專心致志、不急不躁地拆應徵信、翻譯。一個月後，余麗被提升為人事部經理。升遷的理由是：一個名校畢業的碩士生，每天千篇一律地拆信，並在數以十計的應徵信中，一絲不苟地整理出有價值的信推薦給上司，展示了她人事管理的才能。更難能可貴的是，余麗有著良好的職業心態，不以薪酬多少、工種高低貴賤來衡量自己的工作價值。

　　從余麗的升遷可知，良好的職業心態是工作中必不可少的。因為在工作中，你的心態就決定了你的職場前景。有著端正的職業心態，個人便能自動自發地工作。索芙特保健品公司

人事資源總監說：「企業用人其實取決於這個人的職業心態，以及展示出的能力和水準，學歷只是一個參考物而已。許多人在職場中發展慢，不是沒能力，而是心態不夠好。」

在職場中，若想營造專注的職場環境，就必須樹立良好的職業心態。因為從成功學理論中可知，心態決定一切；人的心態是行為的磁場，人們總會向著自己所想的方向發展。如果一個腦子裡總想著某種工作枯燥無味，沒必要全力以赴，那麼他絕不會為此工作做出更多的努力。所以，最根本的就是樹立端正的職業心態，引導自己走向錦繡前程。

良好的職業心態首先是職業人心態，投入全部精力，把每一件負責的事務做得專業、完美，不偷懶不應付了事。其次是作為公司一分子的責任心；然而，要對一件工作的結果負責，最重要的是對自己的心態負責，因為心態不同，行為以及行為結果也有所不同。最後是視批評為餽贈的謙虛心態，工作中難免會遭到批評、指責，首先要檢討自己，再找出原因。

對公司具有高度的認同感

為了使自己能專注於工作，首先你必須在情感上認同你供職的公司，也只有你在內心裡認同你所供職的公司，才能自覺地以全部的精力和熱忱對待工作。如果你想成為公司核心成

員，期望有錦繡的職場前程的話，你必須認同你所供職的公司。這種認同感會促使你更加全心全意地為公司利益而努力工作。

其實，除了家庭，我們每天在公司工作的時間是最多的，我們應該像認同家庭一樣認同公司。對公司有高度的認同感，對員工和公司都有好處。因為員工利益與公司利益正緊密地結合在一起，只有公司發展壯大了，員工的利益才能得到可靠的保證。

瓊斯是芝加哥一進出口公司的普通職員，因為學歷不高，公司給她分配的任務是每天接電話、打掃環境。這對一個年輕女性來說，很難會讓人投以熱情積極主動工作。可是，瓊斯就做到了。每天，她總是提前半小時到達辦公室，當其他同事來上班的時候，她已經把整個辦公區打掃得乾乾淨淨，使同事們有一個清潔、美觀的工作環境。

除了上司分配給她的任務之外，瓊斯總是儘自己的能力多做一些事情，還不斷完善自己的能力和素養。一年以後，瓊斯以自己的專注精神獲得提升。她的老闆在宣布任命時說：「對公司有高度認同感的人，我不會讓他或她站在陰影裡的，我會為他（她）提供更廣闊的發展空間。」

對此瓊斯說：「我愛我的公司，它已經成為我生命中的一部

分，就像我無法捨棄自己的父母一樣。認同你的公司，你就會以極大的熱情專注工作，提升自己。」

然而，現在職場中，大部分人不專心致志地工作，把供職的公司當作人生的驛站，獲得麵包啤酒的場所，沒有絲毫認同感。我認為這麼做傷害的不僅僅是公司與老闆，更是對你自己心靈的一種傷害。在職場中，每個人都應該向瑪麗學習。否則，即使你再有才華，如果沒有對公司的高度認同感，你也難以在公司裡取得卓越的成績。

很多企業管理者表示，一個對公司沒有認同感的員工，是不可能專注自己的工作。而對這樣的人，無論他的才華多高，企業也不可能為他提供更好的工作平臺。

認同公司不只是一種想法、一種觀念，更是一種行動，要想成為一個高度認同公司的專注員工，應該努力做到以下幾點：

其一，努力維護公司的聲譽和形象。對待公司應該像對待家一樣，愛護公司的每一樣物品，隨時維護公司的聲譽。個人的命運與公司命運相輔相成，一旦公司倒閉，你將失去工作，而且很多公司都不願意聘用那些倒閉公司的員工。因為一個公司的倒閉與這個公司的員工有著千絲萬縷的關係。

很多職場中人沒有高度的認同感，所以在背地裡常批評自己的公司或老闆。其實這無論對公司還是對自己，均沒有絲毫

好處。損害公司的形象，使公司以及公司的產品在行業內、市場上的競爭力下降；另一方面傷害自己，為自己的發展設定障礙，沒有哪個老闆會喜歡詆毀「老東家」的人，因為他會這樣認為，一旦這個人離開本公司，也會這樣貶損自己。

其二，為公司多做一些。在本書中，我已不止一次這麼忠告職場中人，努力為公司多做一些。成為卓越者，都是那些不僅本職工作做得很出色，而且時刻想著「我能為公司多做些什麼」並且付諸行動的人。老闆會為專注工作的人提供更多的發展機遇。

電子書購買　　爽讀 APP

國家圖書館出版品預行編目資料

行動勝於雄辯，成功者的執行力：設定與達成！
戒除拖延，果斷行動 / 吳載昶，邢春如 主編．
-- 第一版 . -- 臺北市：財經錢線文化事業有限公
司 , 2024.03
面；　公分
POD 版
ISBN 978-957-680-794-7(平裝)
1.CST: 自我實現 2.CST: 成功法
177.2　　　113002036

行動勝於雄辯，成功者的執行力：設定與達成！戒除拖延，果斷行動

臉書

主　　　編：吳載昶，邢春如
發 行 人：黃振庭
出 版 者：財經錢線文化事業有限公司
發 行 者：財經錢線文化事業有限公司
E - m a i l：sonbookservice@gmail.com
粉 絲 頁：https://www.facebook.com/sonbookss/
網　　　址：https://sonbook.net/
地　　　址：台北市中正區重慶南路一段六十一號八樓 815 室
Rm. 815, 8F., No.61, Sec. 1, Chongqing S. Rd., Zhongzheng Dist., Taipei City 100,
Taiwan
電　　　話：(02) 2370-3310　　傳　　真：(02) 2388-1990
印　　　刷：京峯數位服務有限公司
律師顧問：廣華律師事務所 張珮琦律師

定　　　價：299 元
發行日期：2024 年 03 月第一版
◎本書以 POD 印製

獨家贈品

親愛的讀者歡迎您選購到您喜愛的書，為了感謝您，我們提供了一份禮品，爽讀 app 的電子書無償使用三個月，近萬本書免費提供您享受閱讀的樂趣。

ios 系統

安卓系統

READERKUTRA86NWK

讀者贈品

請先依照自己的手機型號掃描安裝 APP 註冊，再掃描「讀者贈品」，複製優惠碼至 APP 內兌換

優惠碼（兌換期限 2025/12/30）
READERKUTRA86NWK

爽讀 APP

📖 多元書種、萬卷書籍，電子書飽讀服務引領閱讀新浪潮！

🎧 AI 語音助您閱讀，萬本好書任您挑選

🔍 領取限時優惠碼，三個月沉浸在書海中

🔔 固定月費無限暢讀，輕鬆打造專屬閱讀時光

不用留下個人資料，只需行動電話認證，不會有任何騷擾或詐騙電話。